Jornada RPA e Hiperautomação Cases

Antonio Muniz
Ana Cláudia Rodrigues
Leonardo Martins
Gilberto Strafacci
Victor Camacho

Jornada RPA e Hiperautomação Cases

Como acelerar a transformação digital somando tecnologia e processos inteligentes

BRASPORT

Rio de Janeiro
2024

Editor: Antonio Muniz
Produção Editorial: Marina dos Anjos Martins de Oliveira
Editoração Eletrônica: Abreu's System
Capa: Trama Criações

Dados Internacionais de Catalogação na Publicação (CIP)
(Câmara Brasileira do Livro, SP, Brasil)

Jornada RPA e hiperautomação cases : como acelerar a transformação digital somando tecnologia e processos inteligentes / Antonio Muniz...[et al.]. – Rio de Janeiro : Brasport Livros e Multimídia, 2024.

Outros autores: Ana Cláudia Rodrigues, Leonardo Martins, Gilberto Strafacci, Victor Camacho.
Bibliografia.
ISBN 978-65-6096-015-2

1. Automação 2. Inteligência artificial – Inovações tecnológicas 3. Robótica 4. Tecnologia 5. Transformação digital I. Muniz, Antonio. II. Rodrigues, Ana Cláudia. III. Martins, Leonardo. IV. Strafacci, Gilberto. V. Camacho, Victor. VI. Título.

24-214924 CDD-006.3

Índices para catálogo sistemático:
1. Automação : Transformação digital : Inteligência artificial 006.3
Aline Graziele Benitez – Bibliotecária – CRB-1/3129

BRASPORT Livros e Multimídia Ltda.
Rua Washington Luís, 9, sobreloja – Centro
20230-900 Rio de Janeiro-RJ
Tels. Fax: (21)2568.1415/3497.2162
e-mails: marketing@brasport.com.br
vendas@brasport.com.br
editorial@brasport.com.br
www.brasport.com.br

Prefácio

O ano era 2017 quando ouvi falar pela primeira vez do termo RPA, *Robotic Process Automation*.

Foi numa palestra do Ewaldo Del Valle, na época CEO da TR Process, durante o evento INFORMATIONSHOW, que aconteceu naquele mesmo ano, no mês de agosto.

Fiquei impressionado com sua exposição mostrando as virtudes que a tecnologia prometia entregar, substituindo o ser humano em tarefas maçantes e repetitivas nos escritórios e liberando as pessoas para tarefas mais estratégicas e com maior contribuição para as empresas.

Como observador das tendências e inovações que surgem com o propósito de apresentá-las em nossos eventos de tecnologia, fui pesquisar o assunto fora do Brasil e senti de pronto que estava diante de uma tecnologia revolucionária e certamente em breve estaria na pauta dos *C-Levels* de TI e áreas de negócios, a começar pelas grandes empresas.

Senti que a tecnologia merecia ser abordada e disseminada em um evento só sobre ela.

Ainda um pouco inseguro sobre o interesse das pessoas em participar de um encontro para falar sobre RPA, reservamos um pequeno auditório para oitenta pessoas em um hotel na região da avenida Paulista, em São Paulo, para realizar em novembro, ainda de 2017, a primeira edição do RPA CONGRESS.

Montamos a grade das palestras, convidamos o público e, para nossa surpresa, apareceram quase 200 pessoas, que, com muito jeito, conseguimos acomodar no espaço que tínhamos. A partir daí, tivemos a certeza de que poderíamos contribuir para disseminar o aprendizado e a troca de experiências sobre o uso desta nova tecnologia, pois o público estaria presente.

No primeiro evento, com poucos casos concretos a serem mostrados, a maioria das palestras tratou de definir o que é RPA, seus conceitos, seu potencial em substituir as tarefas repetitivas realizadas por seres humanos nos escritórios e sobre o "mato alto", termo muito usado na época para os processos que as empresas precisavam identificar para iniciar a implantação.

Esse primeiro evento foi um marco importante, pois neste ano de 2017 estavam aterrissando no Brasil os principais *players* globais de RPA, como UiPath e Automation Anywhere, com muito conhecimento a ser explorado.

De lá para cá, o RPA CONGRESS cresceu e incorporou a inteligência artificial em seu projeto, passando a se chamar RPA & AI CONGRESS.

Nesse momento, maio de 2024, com muito orgulho, escrevo o prefácio deste livro a convite de meus queridos amigos Ana Cláudia Rodrigues e Antonio Muniz. Já contabilizamos 27 edições realizadas em 12 cidades brasileiras, reunindo mais de 10 mil participantes.

Para todos vocês leitores, não importa em que fase da jornada estejam e qual caminho já percorreram, esta obra será de extrema valia, com histórias reais vividas por equipes de profissionais de diversas indústrias mostrando com exemplos práticos o quanto a *intelligent automation* e a *hyperautomation* contribuem para o crescimento das organizações e das pessoas e, efetivamente, contribuirão para o seu crescimento profissional.

Excelente leitura.

Eduardo David – Diretor
IIMA - Instituto Information Management
ABEINFO - Associação de Empresas e Profissionais da Informação
<https://iimainfo.com.br/>

Conheça nossas publicações:
<https://issuu.com/docmanagement>
<https://www.linkedin.com/in/eduardo-david-062b2a14/>

Apresentação da Jornada RPA e Hiperautomação Cases

Em minha atuação como empresário, *advisor* e editor, tenho uma grande interação com executivos, empresários e conselheiros cada vez mais interessados em iniciativas que melhorem o resultado do negócio, e a automação inteligente torna-se uma importante prática para a grande maioria das empresas nesse mundo digital em que vivemos.

A história deste livro começou com uma sugestão do Leonardo Martins junto à Ana Cláudia Rodrigues. Aceitei de imediato iniciar uma nova Jornada RPA com experiências variadas!

Mantivemos o mesmo timaço da curadoria do livro anterior e ainda tivemos o reforço do Victor Camacho, que já tinha se destacado como autor e criador das capas diferenciadas.

A escolha das pessoas para o time de coautores com experiências diversificadas foi uma surpresa positiva e tivemos uma rápida adesão de grandes feras que vivenciam diariamente a hiperautomação em variadas empresas.

O resultado do livro ficou incrível porque o nosso timaço conseguiu somar a visão técnica com negócios para contribuir na melhora dos resultados das empresas que dependem cada vez mais de tecnologia.

Desejo que você evolua a sua atuação profissional e melhore a experiência dos clientes com esse riquíssimo conteúdo!

Antonio Muniz
Fundador da Jornada Colaborativa, CEO Advisor 10X

Sobre o livro

Este livro é nossa segunda jornada sobre o tema automação. A primeira resultou no livro "Jornada RPA e Hiperautomação", que é uma exploração profunda e abrangente dos conceitos e das melhores práticas do mundo da automação robótica de processos (RPA) e hiperautomação.

A proposta do primeiro livro é trazer os conceitos para o leitor de maneira acessível e clara. Ele aborda a história da automação robótica de processos, a chegada da robotização como meio para automação de processos de escritório, as diferentes tecnologias que podem compor o conceito da hiperautomação, boas práticas para construção de um ciclo de vida de robotização de sucesso, modelos e formas de organização de um Centro de Excelência, métricas e indicadores.

O livro destaca que muitas empresas ainda possuem uma série de processos de trabalho com características repetitivas e de baixo valor agregado. Através da RPA e da automação inteligente, essas tarefas podem ser eliminadas, poupando energia e direcionando os humanos para atividades que demandem o uso do cérebro e das capacidades decisórias.

Além disso, o livro também discute a importância da preparação dos processos para automação, a necessidade de entender e otimizar os processos à luz dessa nova forma de executar as atividades do dia a dia, e a importância de ter um novo olhar sobre como organizamos, estruturamos e medimos essas atividades.

O livro também aborda a questão da governança das iniciativas de robotização para garantir a *accountability* organizacional e a importância de trazer para a discussão a necessidade da definição, estabilização e otimização dos processos de negócio.

Cada etapa do livro é projetada para ajudar as organizações a implementar com sucesso a automação robótica de processos (RPA) e a hiperautomação, desde a identificação de oportunidades até a melhoria contínua após a implantação.

Temos agora o prazer de apresentar um novo volume: "Jornada RPA e Hiperautomação Cases". Ele é dedicado a ilustrar a teoria com a prática, trazendo histórias reais de implementação de RPA e hiperautomação em diversas organizações.

É importante destacar que, embora este livro detalhe os casos de implementação, muitas vezes mencionando ferramentas específicas e empresas parceiras, ele não tem cunho comercial de forma alguma. Os casos são descritos exatamente como aconteceram, sem nenhum juízo de valor sobre as ferramentas utilizadas ou os parceiros de implementação. Nosso objetivo é fornecer uma visão transparente e imparcial das experiências de implementação de RPA e hiperautomação, para que os leitores possam aprender com esses exemplos reais.

Este livro é uma compilação de estudos de caso que demonstram como as organizações de diferentes setores e tamanhos têm utilizado RPA e a hiperautomação para transformar seus processos de negócios, melhorar a eficiência e liberar os humanos para se concentrarem em tarefas de maior valor. Cada caso é uma história de transformação, ilustrando os desafios enfrentados, as soluções implementadas e os resultados alcançados.

Os casos reais apresentados neste livro abrangem uma variedade de indústrias, incluindo setor de energia, indústria alimentícia, varejo, construção civil e mais. Eles oferecem uma visão detalhada de como a RPA e a hiperautomação estão sendo usadas para resolver problemas reais de negócios, desde a simplificação de processos complexos até a melhoria da precisão e velocidade das operações.

Além disso, cada estudo de caso é acompanhado por uma análise aprofundada, destacando as lições aprendidas, as melhores práticas e as estratégias para superar os desafios comuns na implementação da RPA e da hiperautomação.

Se você está interessado em como a RPA e a hiperautomação estão sendo aplicadas no mundo real, ou se você está procurando inspiração e orientação para sua própria jornada de automação, "Jornada RPA e Hiperautomação Cases" é um recurso indispensável. Junte-se a nós nessa jornada contínua de descoberta e inovação no mundo da automação robótica de processos e hiperautomação.

A Curadoria

Sumário

1. Expandindo as automações para clientes do Centro de Serviços Compartilhados

Cynara Botarro Silva Brum

1.1. Contexto

1.1.1. Apresentação da empresa

O Grupo Energisa completou 119 anos em 26 de fevereiro de 2023 e atende cerca de 8,4 milhões de consumidores em 11 estados, o que corresponde a aproximadamente 10% da população brasileira. Possui 15.000 colaboradores diretos.

A companhia controla nove distribuidoras localizadas nos estados de Minas Gerais, Sergipe, Paraíba, Rio de Janeiro, Mato Grosso, Mato Grosso do Sul, Tocantins, São Paulo, Paraná, Acre e Rondônia, com uma área de concessão que atinge 2.034 mil km², equivalentes a 24% do território nacional. As nove concessões de distribuição compreendem:

- ✓ 862 municípios
- ✓ 8,4 milhões de clientes
- ✓ Mais de 20 milhões de pessoas atendidas

As atividades do Grupo Energisa também incluem a (re)energisa, marca do grupo responsável pela gestão e comercialização de energia no mercado livre, prestação de serviços de valor agregado e geração distribuída de fontes renováveis, com capacidade de 188 MWp em dezembro de 2022. São sete empresas de serviço de valor agregado.

O grupo também atua no segmento de transmissão de energia, totalizando 3.116 km de linhas de transmissão e 14.372 MVA de capacidade de transformação entre ativos em operação e construção. Na geração solar centralizada, entraram em operação comercial em 2022 duas usinas fotovoltaicas totalizando 70 MWp, energia totalmente comercializada no mercado livre.

O Grupo Energisa existe para transformar energia em conforto, em desenvolvimento e em novas possibilidades com sustentabilidade, oferecendo soluções energéticas inovadoras aos clientes, agregando valor aos acionistas e oportunidade aos seus colaboradores. E tem como visão ser protagonista na transformação energética conectando as pessoas e empresas à melhor solução de energia, construindo um mundo mais sustentável. Os valores do grupo são:

- ✓ Compromisso com a sustentabilidade.
- ✓ Cliente é tudo para a gente.
- ✓ As pessoas são a nossa maior energia.
- ✓ Juntos geramos resultados extraordinários.
- ✓ Vida em primeiro lugar.
- ✓ Coragem para ousar e inovar.

1.2. Apresentação da Central de Serviços Energisa e CoE – Centro de Expertise em RPA

A Central de Serviços Energisa (CSE) possui como modelo de negócio o centro de serviços compartilhados. Um Centro de Serviços Compartilhados (CSC) pode ser definido como uma unidade de apoio de uma organização responsável pela centralização das atividades transacionais de uma empresa ou grupo empresarial, com três objetivos: redução de custos operacionais através dos ganhos produtivos em escala, aceleração de absorção de novas empresas que forem adquiridas e liberação das unidades de negócio para que o foco permaneça nas atividades-fim. É uma estrutura de centralização processual aplicada, sobretudo, às atividades de suporte da empresa que apresentam grande volume transacional, como contas a pagar, contas a receber, folha de pagamento, dentre outras. Ao longo dos anos, no entanto, os CSCs de alto desempenho deixaram de ser meramente transacionais e passaram a ter também processos com cunho mais analítico/estratégico, principalmente por centralizar grande parte dos dados das organizações e, consequentemente, informações importantes a serem analisadas a favor dos negócios. Muitas vezes são vistos inclusive como celeiro de talentos para a organização como um todo, já que são exigidas maiores competências técnicas dos profissionais que lá atuam.

A CSE nasceu no dia 07 de abril de 2017 com maturidade 4 numa escala de nível até 5 com os macroprocessos citados a seguir. Possui aproximadamente 700 colaboradores e fica instalada em Cataguases, Minas Gerais, cidade onde o Grupo foi criado.

- ✓ Serviços de recursos humanos
- ✓ Suprimentos
- ✓ Serviços financeiros
- ✓ Serviços contábeis
- ✓ Gestão de serviços (COE-RPA, melhoria contínua, PMO, experiência do cliente, faturamento *intercompany*)
- ✓ Seguros
- ✓ Infraestrutura (frota, viagem, *facilities* e obra civil).
- ✓ Faturamento e arrecadação

Notadamente, a CSE foi criada desde o início como uma unidade de negócios que aufere um lucro na prestação dos seus serviços, por meio de contratos baseados em preços por transação e no cumprimento de SLAs. A seguir, os grandes números alcançados pela CSE em 2023:

- ✓ 8,6 milhões de clientes faturados por mês.
- ✓ 3,6 bilhões de kW/h faturados por mês.
- ✓ 105 mil atendimentos realizados pela Central de Atendimentos.
- ✓ 39 bilhões de valores de pagamentos realizados.
- ✓ 7,7 bilhões em pagamentos realizados de impostos.
- ✓ 6.016 veículos geridos pela frota.
- ✓ 15 milhões de transações realizadas por robôs.

Sempre voltada a superar resultados, inovar para fazer a diferença e simplificar a vida dos clientes internos, em 2018 a CSE deu um passo importante com a criação do CoE-RPA – Centro de Expertise em RPA. No período de 2018 até 2020 os novos desenvolvimentos eram voltados para atender áreas transacionais da CSE. A partir de 2020 deu-se início ao desenvolvimento de robôs para executar processos também operacionais das unidades de negócio, nesse caso para as transmissoras e distribuidoras de energia elétrica e empresas não reguladas do Grupo. O CoE-RPA posiciona-se não somente como agente de automação de atividades de apoio. Tornou-se o *hub* para qualquer atividade automatizável. O gráfico a seguir apresenta a quantidade e o percentual de robôs desenvolvidos para a CSE e para as demais empresas do Grupo (corporativos).

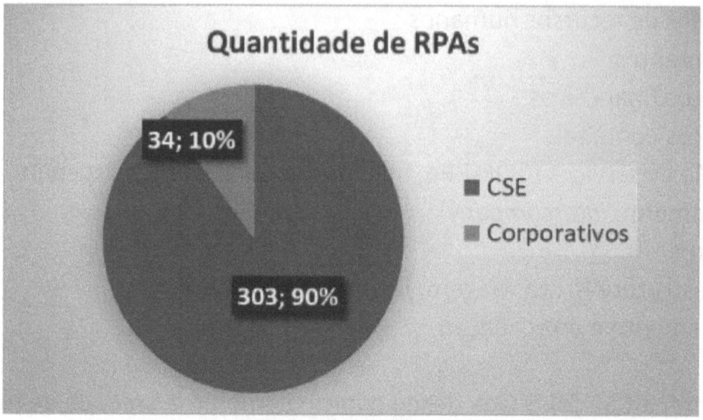

Figura 1. Quantidade e percentual de robôs desenvolvidos.
Fonte: os autores.

Hoje somos referência no mercado nos quesitos quantidade de robôs, variedade de processos robotizados e pela dinâmica dos projetos e comercialização interna de RPA.

1.3. Jornada da automação

O início da trajetória de RPA no Grupo foi em janeiro de 2018, quando a Diretoria decidiu contratar uma consultoria renomada no mercado para implantar essa tecnologia. Após seis meses de atuação, o diagnóstico da consultoria foi que era impossível implantar robotização no Grupo Energisa por conta de uma grande probabilidade de problemas com a manutenção dos robôs, ou seja, os robôs "quebrariam", principalmente pelo fato de o Grupo não utilizar um sistema ERP, mas vários sistemas legados. Com isso, a consultoria decidiu declinar o projeto. Dessa forma, internamente a Diretoria e a área de Gestão de Serviços traçaram um plano de ação para tratar o assunto tanto de forma técnica quanto conceitual para dar o "parecer final" se iríamos ou não seguir com o projeto de implantação de RPA.

Esse plano de ação era composto por atividades como: analisar os perfis da área como um todo de forma a identificar profissionais com *skill* em desenvolvimento *low code*, contratar fornecedor da ferramenta para dar treinamento de RPA para os colaboradores internos, criar uma "sala de guerra" para o time ficar focado no treinamento e consolidar o aprendizado para iniciar os desenvolvimentos. Após dois meses de trabalho, a equipe interna implantou o primeiro robô no processo de obrigações especiais da área de contabilidade. Os próximos robôs previstos foram entregues de forma estruturada e gradual, mitigando os riscos de quebra que era o "gargalo" inicial e trazendo eficiência para as áreas. As palavras que resumem essa fase do projeto são dedicação e persistência, pois o time não desistiu diante das complexidades e dos desafios do projeto. Com isso, foi possível "provar" com fatos e dados que era possível operar RPA nos sistemas legados do Grupo de forma sustentada, com governança robusta e estruturada e com equipe competente dedicada a novas iniciativas.

Durante o projeto foi estruturado um modelo de governança do CoE em parceria com a Diretoria de TI. O modelo consiste em:

✓ Gestão centralizada – CoE RPA
  - Desenvolvimento e sustentação
  - Novas demandas, projetos e expansões
  - Gestão de mudanças
  - Análise de riscos e plano de continuidade das operações
  - Painéis de indicadores das operações robotizadas
  - Papéis e responsabilidades definidas entre CoE-RPA e áreas funcionais
  - Todos os processos automatizados são documentados

✓ **Infraestrutura**
  - Infraestrutura de TI dedicada aos processos automatizados
  - Ferramentas: RPA, CRM, OCR, *analytics*, *bots* e sistemas legados

✓ **Pilar estratégico**
  - Forte apoio da alta gestão
  - Parceria com as diretorias de inovação e de TI

✓ **Segurança da informação e *compliance***
  - Controle de acesso dos *bots* aos sistemas
  - Monitoramento de *logs* de execução

✓ **Comunicação**
  - Trabalho constante de comunicação com gestores e times funcionais sobre as evoluções das automações
  - Reforço e apoio organizacional para desenvolvimento dos colaboradores

Em junho de 2019 foram entregues todas as iniciativas previstas dentro do projeto, que consistiu em 40 robôs implantados, liberando 5.300 horas mensais na Central de Serviços (CSE) para os processos contábeis, financeiros, recursos humanos, *facilities*, dentre outros. No mesmo período, a área do CoE-RPA foi incorporada à gerência de Gestão de Serviços e uma gerência de transformação e automação de processos foi dedicada a alavancar as iniciativas de robotização do Grupo.

A partir desse momento, foram definidas duas equipes com atividades distintas dentro da Gerência: equipe do CoE de desenvolvedores e sustentadores e uma equipe com foco em processos, para olhar oportunidades de robotização com viabilidade técnica e financeira. É uma estratégia da Diretoria a capacitação e o desenvolvimento constante do time como um todo para proporcionar a esses profissionais o desenvolvimento de suas carreiras dentro do Grupo.

1.3.1. Áreas atendidas

O COE-RPA possui um inventário de processos robotizados com aproximadamente 337 robôs operando diariamente, mensalmente e muitos em operação 24 x 7 devido às criticidades dos processos. Foram robotizados os processos transacionais da organização, processos da área *core*, processos de suporte e processos estratégicos.

Dentro desse parque de robotização, o % de sucesso (eficiência) da operação é aproximadamente 97,79% nos últimos três anos de operação, ou seja, o percentual de quebra dos robôs é baixo devido a algumas atividades que julgamos importantes para o sucesso do processo:

- ✓ Assertividade no critério de aplicação de RPA pela equipe de Melhoria de Processo.
- ✓ Padronização do desenvolvimento e do controle de qualidade, com regras bem definidas.
- ✓ Monitoramento eficiente da mesa de sustentação, que possui o papel de monitorar, conferir, ver *logs* dos robôs e analisar relatório de velocidade dos robôs. Através do monitoramento é possível identificar o momento exato e em qual etapa do processo a quebra ocorreu.
- ✓ Manutenção preventiva dos robôs.
- ✓ SLA (retorno de solução de quebras/incidentes) de atendimento bem definido com os clientes.
- ✓ Plano de contingência estruturado para cada robô ativo e entregue ao "dono do processo".

1.3.2. Papéis e responsabilidades do CoE-RPA

- ✓ Desenvolver, homologar e implantar robôs em produção.
- ✓ Garantir a execução dos processos conforme recomendação da área de segurança de informação.

- ✓ Realizar a sustentação dos robôs.
- ✓ Atualizar credenciais dos robôs.
- ✓ Reiniciar os servidores para atualizações.
- ✓ Tratar pequenos erros relacionados ao código dos robôs.
- ✓ Informar erros à TI e à área de negócios.
- ✓ Entregar material de governança para a área cliente com plano de contingência.
- ✓ Entregar BI com resultado das execuções dos robôs para a área cliente.

1.3.3. Papéis e responsabilidades dos donos dos processos

- ✓ Disponibilizar insumos para execução.
- ✓ Informar à equipe de sustentação as mudanças sistêmicas e processuais.
- ✓ Validar a execução do robô.
- ✓ Acompanhar o processo como um todo ponta a ponta.

1.4. Evolução das tecnologias

No ano que deu início à implantação do projeto RPA na Energisa, foi escolhida a ferramenta da empresa Softomotive, chamada Process Robot. Essa é uma ferramenta de desenvolvimento de robôs que utiliza ações predefinidas que, quando aninhadas, constroem um fluxo capaz de executar tarefas em um ambiente computacional, sendo elas executadas em primeiro plano, ou seja, apresentadas em tela, ou em segundo plano, com ações invisíveis a quem olha a tela do computador. Junto com essas automações, a ferramenta permite utilizarmos várias outras tecnologias, como, por exemplo, ferramentas de leituras de documentos (OCR – *Optical Character Recognition*) capazes de transformar documentos digitalizados em documentos passíveis de leitura pelos robôs. Com essas ferramentas podemos manipular arquivos e sistemas a fim de realizar tarefas como lançamentos de notas fiscais em ERPs, *download* de arquivos de páginas web etc.

Em 2020, a Softmotive foi comprada pela Microsoft e teve a ferramenta integrada a Power Plataform – plataforma de automação *low code* interna da Microsoft. Com essa aquisição, a Energisa tem a expectativa de poder fazer parte do *roadmap* de evolução dessa empresa global.

Em 2022 começamos a utilizar linguagens de programação convencionais em nossos desenvolvimentos, como o Python, por exemplo, utilizado para construção de algoritmos que aplicam regras predefinidas em processo de crítica de leituras e faturas de grandes clientes, encontrando os erros nesses processos a fim de mitigá-los.

Em 2023 iniciamos testes com novas ferramentas de inteligência artificial (IA), como o AI Builder e o ChatGPT, para automatizar processos que necessitam de leitura de documentos não estruturados.

Para 2024, continuamos nossa busca ativa pela utilização de IA. Para atingirmos esse objetivo, trabalhamos em parceria com a equipe da Energisa Digital Labs (EDL), área pertencente à Diretoria de Inovação que representa um centro de excelência especializado em *advanced analytics* e inteligência artificial, com foco no desenvolvimento das competências de ciência e engenharia de dados em diversas unidades de negócios do Grupo Energisa.

Temos a colaboração da EDL em iniciativas que englobam inteligência artificial e análise de dados. Essa parceria tem como objetivo fortalecer de maneira substancial a utilização e aplicabilidade dessas tecnologias no contexto da CSE, que, por sua vez, desempenha um papel fundamental no impulsionamento de uma cultura de inovação cada vez mais robusta e abrangente.

Ainda através dessa parceria, um membro da equipe do CoE-RPA foi treinado para assumir o papel de *Spoke* da CSE, um profissional que exerce um papel crucial no desenvolvimento e na operação de *squads*, garantindo a execução eficaz de experimentações, prospectando e lançando produtos *data-driven*. Adota práticas e ferramentas definidas pelo *hub* para *advanced analytics*, participa de eventos e atividades de interação. Busca gerar casos de sucesso impulsionando a cultura *data-driven* e promovendo uma CSE mais digital para proporcionar melhores serviços e atendimentos aos clientes.

1.4.1. Estratégia aplicada

Conforme mencionado, como um novo passo nessa jornada de automação e visando atingir processos mais estratégicos, decidimos propor o desenvolvimento e a sustentação de RPA para processos que são essencialmente das unidades de negócio do grupo. Passamos, com isso, a ser uma espécie de consultoria de avaliação, implantação e operação (modelo/BPO) nesse sentido, mesmo para processos que não são tradicionalmente de escopo do CSC e que possuem características e necessidades de manutenção local.

Essa dinâmica consistiu, inicialmente, em um alinhamento entre a Vice-Presidência responsável pela estrutura da CSE (Suporte ao Negócio) e a Vice-Presidência de Redes

(redes de distribuição, transmissão e geração de energia). A partir daí, montamos um projeto com os seguintes passos:

1. **Iniciação:** iniciamos com um grande *workshop* envolvendo todos esses atores com o objetivo de contextualizar o advento da RPA e demonstrar os ganhos já obtidos na aplicação da tecnologia em processos de *backoffice* do CSC, além de clarificar as condições comerciais envolvidas na implantação desse projeto. Com isso, obteve-se o grau de confiança necessário para prosseguirmos na investigação.
2. **Construção de *business cases*:** entendemos que apenas a demonstração de resultados de sucesso em projetos anteriores, argumentos técnicos e conceitos bem definidos não seriam suficientemente convincentes para que esse potencial cliente contratasse os nossos serviços. Portanto, partimos para a segunda e mais longa etapa do projeto, que foi identificar as oportunidades de automação nas áreas de negócios, que é a base de todo o trabalho posterior de desenvolvimento e sustentação das automações.

Para o trabalho de construção desses *business cases*, dividimos o time em dois, conforme papéis e responsabilidades descritas no quadro a seguir:

Tabela 1.
Papéis e responsabilidades dos times. Fonte: o autor.

Time	Papéis e responsabilidades
Transformação de processos	Explicar aos pontos focais das áreas de negócio quais as principais características de um processo que devem ser analisadas para uma avaliação inicial de viabilidade ou não de aplicação de RPA.
	Realizar mapeamento *as is* dos processos (volumetrias, tempos de execução, padrões, execuções, sistemas utilizados etc.) e filmar os processos.
	Entrevistar os executores dos processos.
	Realizar análise prévia de viabilidade técnica de robotização dos processos (posteriormente essa avaliação é validada pela equipe CoE-RPA) e também de viabilidade financeira.
CoE-RPA (*Center of Expertise*)	Confirmar ou não a viabilidade técnica de aplicação de RPA nos processos selecionados.
	Realizar desenvolvimento de RPAs conforme padrões de governança (segurança da informação, arquitetura de sistemas, infraestrutura etc.).
	Elaborar documentação dos processos automatizados.
	Realizar a manutenção das automações.

- ✓ **Levantamento de informações e análise de processos candidatos:** o ponto de partida para esta etapa se deu através do envio de um formulário por parte do time de transformação de processos para preenchimento dos pontos focais das áreas técnicas das distribuidoras de energia, com o objetivo de obter informações iniciais e básicas sobre os processos candidatos à robotização, para iniciarmos a análise de viabilidade técnica. Após algumas semanas, a equipe recebeu o formulário preenchido e, a partir daquelas informações, já conseguiu eliminar processos inviáveis para aplicação das automações em um primeiro momento. Por exemplo: processos com volumetria mensal muito baixa, processos não digitais, processos intensivos de conhecimento, dentre outros. Então foi criada a primeira lista de processos viáveis e com bons candidatos de fato à robotização com RPA.
- ✓ **Documentação do processo e viabilidade técnica:** a próxima etapa foi realizar mapeamentos *as is* dos processos (volumetrias, tempos de execução, padrões, exceções, sistemas utilizados etc.), através de filmagem dos processos, entrevistando seus executores e fazendo a validação junto aos gestores responsáveis. Feito isso, a equipe enviou toda a análise e documentação gerada nessas primeiras fases ao CoE-RPA, que, exercendo funções mais técnicas em relação ao desenvolvimento e à sustentação das automações, tem o papel de validar ou não a viabilidade técnica de aplicação de RPA nos processos previamente selecionadas pela equipe de transformação de processos.
- ✓ **Viabilidade financeira e ROI:** caso essa viabilidade técnica fosse confirmada pelo CoE-RPA, há uma etapa de fundamental importância que é exercida pelo time de transformação de processos: a avaliação da viabilidade financeira para a implantação das automações. Ou seja, a ideia é que os custos de desenvolvimento e sustentação das automações sejam menores do que a redução de custo a ser gerada por elas na linha do tempo e que o projeto em questão gere retorno financeiro para a organização. Para isso, utilizamos alguns métodos e fórmulas bem conhecidas como: VPL (Valor Presente Líquido), *Payback* e TIR (Taxa Interna de Retorno). Dessa forma, todos os processos cujos resultados dessas fórmulas forem positivos/tempestivos serão considerados viáveis de implantação de RPA.
- ✓ **Construção do *roadmap* de implantação:** de posse dos resultados das análises técnicas e financeiras e com a lista dos processos considerados viáveis sob esses aspectos, o time de transformação de processos convocou um *workshop* para apresentação e validação junto às lideranças do projeto, que puderam realizar questionamentos, ponderações, definir as primeiras premissas, priorizações etc. O CoE-RPA nesse momento já tinha uma ideia de prazo para a elaboração do primeiro cronograma macro do projeto.

- ✓ **Implantação e operação:** após ajustes realizados e com contribuição de todos os envolvidos, elaboramos o plano de desenvolvimento e o iniciamos. Nesta etapa, a "esteira" de desenvolvimento se deu da seguinte forma: desenho da solução, construção, homologação, teste de qualidade, implantação, estabilização e sustentação. A etapa de estabilização exigiu muito dos times de campo, tendo em vista que, para garantir o andamento normal das operações, ainda atuavam como "vigias" dos robôs, observando atentamente se o trabalho estava sendo executado conforme o esperado.
- ✓ **Acertos comerciais:** após a estabilização, iniciamos uma fase comercial, na qual reforçamos as condições comerciais alinhadas no início do projeto, atreladas ao sucesso da iniciativa, e negociamos as condições de pagamento basicamente da seguinte forma: desenvolvimento (valor por homem hora x quantidade de horas de desenvolvimento – valor único) e sustentação (valor/hora referente ao tempo em que os robôs são executados; esse valor inclui consumo de servidor, licenças e HH do time de sustentação – valores a serem pagos enquanto durarem as operações).

Por parte do cliente, após a implantação das automações começa a entrar em prática a desmobilização das equipes que estavam anteriormente designadas para a execução daquelas atividades. Ressalte-se que não necessariamente haveria a necessidade de demissões de pessoas, tendo em vista que, em nosso caso, o grupo empresarial está em crescimento orgânico e inorgânico. Dessa forma, o retorno financeiro pretendido pelo projeto poderia ser todo ou em parte através do custo evitado com a contratação de novos colaboradores para executarem esses processos oriundos de tal crescimento.

Quando isso ocorre, há um grande benefício em relação ao clima organizacional sobre esse tipo de trabalho, já que não há grandes volumes de medições e haverá menos resistência dos atuais colaboradores em transmitir o conhecimento e as informações necessárias para a evolução da jornada de automação pretendida pelo projeto. Além disso, poderá ser constatado de maneira mais rápida que as automações chegam para ser aliadas aos processos e não para demitir pessoas.

Nesse sentido, também há situações nas quais a substituição de um processo manual por um processo automatizado não trará redução de custos nem pela redução do *headcount* nem pelo custo evitado para a contratação de novos colaboradores, mas sim do direcionamento do FTE reduzido para atividades mais intensivas de conhecimento/analíticas que poderão trazer ganhos tão ou mais importantes que a redução de custos operacionais, como: redução de riscos fiscais, financeiros, de fraudes, de imagem etc.

A fase final da primeira onda da jornada se deu com um *workshop* com a participação de todos os *stakeholders*, ocasião na qual os ganhos foram comprovados e validados. Imediatamente após isso, na mesma reunião, já iniciamos o planejamento de uma nova onda, a qual também visava identificar novas oportunidades de automação por RPA, mas agora também buscando combinar RPA com outras tecnologias como: *data analytics*, OCR, AI, ML e outras.

1.5. Resultados obtidos

✓ Processos ligados ao cliente final robotizados de ponta a ponta, com 22 robôs em operação todos os dias da semana (24 x 7), resultando em ganho mensal de 2.600 horas liberadas nas distribuidoras.
✓ Redirecionamento do recurso humano para absorção de outras atividades de cunho mais analítico e estratégico.
✓ Redução de 50% de tempo no ciclo de atendimento do cliente final do Grupo Energisa, ou seja, aumento da satisfação do cliente.
✓ Maior agilidade na execução das tarefas.
✓ Empresas adquiridas pelo Grupo incorporadas com automatizações já concluídas.
✓ Escalabilidade do negócio, com novas empresas adquiridas pelo Grupo já nascendo com automações.

1.6. Dicas e lições aprendidas

✓ Importante alocar no projeto de implantação de RPA profissionais com perfil inovador e que gostem de participar de projetos com alto grau de desafios.
✓ Apoio da alta direção e definição clara de papéis e responsabilidades entre as diretorias envolvidas.
✓ Governança implantada desde o início do projeto.
✓ *Benchmarkings* com outras empresas mais evoluídas no processo ajudaram muito.
✓ Definir SLAs por processo robotizado e entregar o plano de contingência ao cliente quando o robô entrar no ar.
✓ Antes de construir os robôs é necessário que a equipe desenhe o caminho feliz e o caminho infeliz do processo, de forma a mitigar todos os riscos de quebra que existam no processo.
✓ Certificar-se de que todas as partes interessadas estão envolvidas e participam ativamente de todas as etapas do projeto.

- ✓ Para encontrar o modelo ideal de desenvolvimento é necessário estressar formas diferentes de criar o código de desenvolvimento para identificar a mais estável e menos suscetível a erros.
- ✓ Necessário apresentar e explicar de forma muito clara e objetiva para os executores e gestores das áreas de negócios os conceitos de RPA e os benefícios associados à robotização de processos.
- ✓ Mostrar para o time envolvido que a robotização de processos é uma oportunidade para ajudar o humano em suas tarefas diárias e alavancar a produtividade da área.
- ✓ Sempre formalizar cada etapa avançada do projeto, deixando todos os envolvidos cientes dos documentos e materiais produzidos e solicitar validação dos gestores responsáveis pelas áreas sobre as informações/dados coletados durante as etapas de mapeamento dos processos.
- ✓ Nenhuma ferramenta de RPA vai atender 100% de forma nativa a necessidade de uma empresa, porém é possível customizar a maioria dos componentes para adaptá-la ao cenário.

2. Hiperautomação e orquestração com Python RPA

Pieter Zanirato Voloshyn

2.1. Contexto

A Andrade Gutierrez, ou simplesmente AG, é uma empresa de grande porte no segmento de engenharia e construção que desde 1948 contribui para o desenvolvimento do Brasil. Ao longo dos anos, tem participado de projetos de grande importância na história do país, abrangendo desde obras industriais, infraestrutura, mobilidade urbana, energia, óleo e gás.

Nos últimos anos, a Andrade Gutierrez tem se destacado nos principais *rankings* e premiações de inovação do país, consistentemente figurando entre as cinco melhores empresas do setor de engenharia e construção. Em 2021, foi reconhecida como a 15ª empresa mais inovadora do Brasil pelo jornal *Valor Econômico*.

Em consonância com a estratégia de impulsionar a transformação digital em todos os processos da empresa por meio de inovação e excelência operacional, a automação robótica de processos (RPA) desempenha um papel fundamental, especialmente quando integrada a outras soluções.

O tema RPA foi introduzido pela primeira vez na Andrade Gutierrez em 2017, quando o nosso Centro de Serviços Compartilhados (CSC) participou de um encontro com o grupo de *benchmarking* de CSCs de outras empresas.

Nossa jornada começou efetivamente em 2019, quando contratamos uma consultoria especializada e adquirimos uma licença de uma solução *low code* referenciada no quadrante mágico do Gartner.

Enquanto as empresas do grupo de *benchmarking* estavam formando seus Centros de Excelência (CoEs) de RPA com usuários avançados de negócio das diversas áreas do CSC, a Andrade Gutierrez seguiu um caminho diferente, com a gestão de RPA a cargo da área de Tecnologia da Informação (TI), especificamente na coordenação de soluções.

Formamos uma equipe inicial de cinco profissionais, todos com formação em TI. Todos receberam treinamento especializado, e o modelo de governança foi amplamente discutido. Uma das grandes vantagens de termos colocado a gestão de RPA sob a responsabilidade da TI está na forte correlação dos processos de desenvolvimento de robôs com as práticas já comumente adotadas na área de TI ao longo dos anos, como gestão de mudanças, gestão dos ambientes de desenvolvimento, homologação e produção, gestão de configuração, gestão de acessos, monitoramento e engenharia de software.

Nosso planejamento inicial consistia em desenvolver pelo menos uma automação para cada área do CSC no primeiro ano. À medida que ganhássemos experiência, expandiríamos nosso atendimento para outras áreas da empresa, bem como outras empresas do grupo.

Tomamos muito cuidado nos primeiros encontros com as áreas de negócio, pois tínhamos consciência de que a automação poderia gerar preocupações de possível redução de pessoal. Para tranquilizar todos os envolvidos, enfatizamos o conceito de que nosso objetivo era "libertar o robô das pessoas". Gradualmente, todos compreenderam o objetivo e se envolveram ativamente no projeto.

Ao longo dos três primeiros anos, conseguimos atingir a marca de 80 automações em produção, atendendo a 15 áreas distintas da empresa e resultando em uma economia equivalente a 22 FTEs (*Full-Time Equivalent*).

Embora os resultados fossem promissores e estivessem em constante crescimento, começamos a perceber limitações em nossas soluções atuais. Era hora de buscar uma nova abordagem. É neste ponto que o nosso estudo de caso se inicia...

2.2. Desafios

Durante nossa trajetória com RPA, nos deparamos com uma série de desafios, abrangendo tanto aspectos técnicos quanto de gestão.

2.2.1. Retenção de profissionais capacitados em soluções *low code*

A questão de reter profissionais capacitados para trabalhar com a solução *low code* foi um desafio que enfrentamos ao longo do caminho. Lembro-me claramente das palavras da consultora durante um treinamento: "assim que eles divulgarem seus certificados no LinkedIn, serão assediados por outras empresas". RPA é uma tecnologia emergente que traz resultados notáveis, o que faz com que muitas empresas se engajem na corrida para não ficarem para trás. Infelizmente, perdemos vários profissionais ao longo do tempo para outras empresas e consultorias que estavam ávidas por talentos.

2.2.2. Dilemas entre formar novos profissionais, contratar do mercado ou trazer consultoria

A tomada de decisão entre formar novos profissionais, contratar no mercado ou trazer consultoria se apresentou como um dilema ao nos depararmos com a necessidade de substituir um profissional que deixou a equipe ou expandir a área.

Formar novos profissionais demanda tempo e dedicação, já que esse campo de conhecimento não é amplamente abordado nas faculdades. Nossa experiência nos indica que são necessários pelo menos três meses para que esses profissionais estejam aptos a assumir novas demandas, mesmo que sejam inicialmente simples. No entanto, também observamos que, após um a dois anos, esses profissionais passam a ser alvo do mercado, com propostas salariais de 50% a 100% acima do que recebem atualmente.

Contratar profissionais capacitados no mercado é uma tarefa desafiadora, pois a quantidade de pessoas com experiência nessa área ainda é relativamente baixa. Além disso, os salários oferecidos geralmente não são baixos, o que pode causar impactos na equipe já existente.

Por outro lado, optar por trazer consultoria é uma escolha segura quando se trata de garantir a sustentação das automações e mitigar os problemas relacionados à rotatividade de pessoal. No entanto, é importante considerar atentamente o preço dessa opção, que normalmente é bastante elevado.

Nossa busca pela melhor abordagem nos levou a ponderar cuidadosamente essas opções, levando em consideração o equilíbrio entre formação interna, contratações externas e o envolvimento de consultorias, com o objetivo de manter a expertise necessária sem comprometer a estabilidade e o desenvolvimento da equipe.

2.2.3. Limitações das soluções *low code*

Quando o *low code* não é suficiente, é necessário buscar alternativas. Embora as soluções *low code* sejam excelentes quando podemos aproveitar as funcionalidades oferecidas pela plataforma, elas nem sempre são capazes de atender aos requisitos específicos de automação.

Nesses casos, existem diversas alternativas disponíveis:

- ✓ Aguardar por uma atualização futura do fabricante.
- ✓ Utilizar planilhas com macros ou VBA.
- ✓ Recorrer a *scripts* (VBScript, Python, PowerShell, arquivos BAT, entre outros).
- ✓ Utilizar componentes de terceiros (muitos deles pagos).
- ✓ Contratar serviços de consultoria quando não há conhecimento suficiente na equipe para desenvolver internamente.

Cada uma dessas alternativas pode ser viável, mas todas têm suas considerações. Algumas exigem tempo para capacitar a equipe, enquanto outras demandam investimento adicional.

Em nossa jornada, nos deparamos com a necessidade de explorar essas alternativas, ponderando cuidadosamente a melhor opção para atender às demandas específicas de automação.

2.2.4. Integração de RPA a outras soluções, como BPMS, inteligência artificial, sistemas e aplicações *mobile*

A integração de RPA com outras soluções, como BPMS, inteligência artificial, sistemas ou aplicações móveis, é uma etapa crucial em meio à atual era de transformação digital. RPA não é apenas uma das várias tecnologias e acrônimos que compõem o cenário atual, mas uma peça fundamental no arsenal de soluções. Surge, então, a necessidade de integrar RPA a outras soluções em uma abordagem conhecida como hiperautomação.

Para ilustrar, consideremos um processo comum de admissão. A solicitação pode ser feita e acompanhada por meio de uma solução BPMS. Determinadas etapas do processo exigirão o uso de inteligência artificial, como a validação de documentos, enquanto outras etapas requererão a automação com RPA, como o envio de *kits* de admissão ao novo colaborador e a integração com sistemas existentes.

Nesse contexto, é fundamental que a plataforma RPA esteja preparada para trabalhar em processos desse tipo. Frequentemente, a execução do robô será iniciada a partir do BPMS, utilizando-se de APIs, em vez de ser realizada apenas de forma agendada, como é comum em muitas plataformas RPA.

Garantir uma integração eficiente e fluida entre RPA e outras soluções é essencial para otimizar os processos de automação e potencializar os benefícios da hiperautomação.

2.2.5. Automação de processos/ tarefas com SLA (*Service Level Agreement*) muito agressivo, mas com baixo volume

A automação de processos ou tarefas com SLA (*Service Level Agreement*) muito agressivo, mas com baixo volume, apresenta um desafio interessante. Existem diversos fluxos de trabalho nos quais o tempo de resposta ou atendimento precisa ser extremamente reduzido, como no caso de um *reset* de senha do ERP. Quando não há uma solução de autoatendimento disponível, RPA se mostra uma alternativa promissora.

No entanto, quando a plataforma RPA não oferece mecanismos de execução por meio de APIs, é necessário encontrar soluções criativas. Uma abordagem comum seria agendar o robô para ser executado a cada 10 minutos, verificando se há pelo menos uma solicitação a ser processada. Outra opção seria desenvolver o robô para consultar a fila de solicitações continuamente ao longo do dia.

No entanto, é importante considerar que alocar uma licença de robô exclusivamente para esse processo pode acarretar custos adicionais, já que muitas plataformas RPA são licenciadas por robô. Em casos em que o processo automatizado é crítico, pode ser justificável arcar com esses custos. No entanto, quando o volume de solicitações é baixo, é comum que as empresas optem por não automatizar esses fluxos e continuem seguindo seus procedimentos anteriores. No entanto, o objetivo do Centro de Excelência (CoE) não deveria ser justamente atender a esse tipo de automação?

Durante nossa jornada, exploramos diferentes estratégias para enfrentar esse dilema, mas optamos por não desenvolver automações com SLAs agressivos (por exemplo, 15 minutos), por aumentar consideravelmente os custos.

2.2.6. Aumento de escala sem aumentar o custo proporcionalmente

Uma das questões fundamentais enfrentadas ao buscar aumentar a escala da automação é como fazê-lo sem aumentar o custo proporcionalmente. Nas plataformas RPA convencionais, encontramos três componentes principais: o orquestrador, os desenvolvedores e os robôs executores.

Em situações excepcionais, pode haver a necessidade de mais de um orquestrador, mas é nas licenças de desenvolvimento e de robôs executores que os custos são constantemente revisados. O padrão comumente observado é um crescimento linear dos custos, ou seja, se o custo de uma licença de robô é X, ter dois robôs implica um custo de 2X. Apesar dos resultados positivos proporcionados pela automação com RPA, justificar um aumento de custo nem sempre é uma tarefa fácil.

2.2.7. Aumento do ROI (Retorno sobre o Investimento)

Uma vez que o custo da RPA tenha sido tratado como CAPEX (despesas de capital), é natural que todos os envolvidos fiquem encantados com os resultados alcançados e desejem aumentar ainda mais o investimento nessa tecnologia. No entanto, à medida que o custo de licenciamento passa a ser considerado OPEX (despesas operacionais) após alguns anos, a alta liderança começa a almejar resultados ainda mais significativos.

Nesse contexto, surge a necessidade de buscar maneiras de aumentar ainda mais o ROI (Retorno sobre o Investimento) e garantir que o valor gerado pela automação com RPA seja maximizado.

2.3. Plano

No final de 2021, diante dos desafios enfrentados, a Andrade Gutierrez tomou a decisão de buscar novas soluções. Com base em premissas e características desejáveis, a empresa estabeleceu os seguintes requisitos:

- ✓ A solução deveria permitir a execução programada ou por meio de API.
- ✓ Deveria ser capaz de executar *scripts* em Python, uma vez que toda a equipe já possuía conhecimento nessa linguagem de programação.

- ✓ Deveria ser integrável aos navegadores Chrome/Edge.
- ✓ Deveria incluir um orquestrador com recursos como gerenciamento de filas, painéis de monitoramento, registros, controle de credenciais e acesso.
- ✓ Deveria oferecer suporte local.
- ✓ Deveria ter uma implementação fácil.
- ✓ Deveria apresentar um baixo custo, é claro!

Durante a busca por soluções, a Andrade Gutierrez teve a oportunidade de conhecer várias outras plataformas com casos de sucesso, bem como modelos de contratação, como o RaaS (*Robot as a Service*). No entanto, foi somente no final de 2022 que a empresa foi apresentada à solução da Botcity, durante um *webinar* realizado em parceria com uma renomada empresa de consultoria. Ao constatar que todos os requisitos foram atendidos, a empresa entrou em contato com a Botcity no mesmo dia do *webinar* e agendou uma reunião para aprofundar a compreensão da solução naquela mesma semana.

Compreendendo o cenário e a oportunidade apresentada, a Botcity prontamente disponibilizou um ambiente de teste para o domínio da Andrade Gutierrez. Foram realizados dois encontros entre as equipes da empresa e da Botcity para entender as adaptações necessárias nas automações existentes. E, assim, deu-se início ao processo de contratação.

O contrato foi oficialmente celebrado em 23 de março de 2023, marcando o início do grande desafio de migrar TODAS as automações da plataforma *low code* para Python até outubro do mesmo ano, período em que ocorreria a renovação da plataforma de RPA *low code*.

Assim, a Andrade Gutierrez embarcou em uma jornada para otimizar seus processos de automação, contando com a parceria da Botcity e sua solução, que atendeu plenamente às necessidades e expectativas da empresa.

2.4. Resultados

Ao realizarmos a mudança, pudemos constatar uma série de resultados positivos.

2.4.1. Aumento de escala

O modelo de contratação da Botcity se diferencia dos demais que avaliamos. Em vez de ser baseado na quantidade de robôs, ele é medido pela quantidade de automações, e o custo de transição entre os planos não segue uma escala linear. No plano que escolhemos inicialmente, tínhamos a capacidade de configurar até 28 robôs (um aumento de 1.400% em relação à nossa plataforma anterior).

Ao migrarmos para uma abordagem de desenvolvimento 100% em Python, pudemos aproveitar ao máximo o desempenho *full code*. Todas as automações migradas, sem exceção, apresentaram um desempenho superior (de três a 22 vezes mais rápido).

Além disso, nos quatro primeiros meses conseguimos desenvolver 22 novas automações, o que representa quase 25% do que foi produzido nos quatro primeiros anos da nossa jornada RPA. Essas 22 automações trouxeram um aumento de 50% em *savings* de FTE.

2.4.2. Menor *vendor lock-in*

As soluções de *low code* são incríveis e geralmente possuem vários módulos integrados, tornando-as soluções abrangentes para o trabalho. No entanto, devido à falta de um formato aberto para RPA, migrar de uma plataforma para outra requer refazer todas as automações. Além disso, a precificação muitas vezes está atrelada à cotação do dólar, podendo variar conforme a necessidade do fabricante – e, na prática, só temos conhecimento disso um mês antes da renovação. Esse cenário evidencia o chamado "vendor lock-in".

Ao desenvolver automações RPA com Python, esse problema é drasticamente reduzido. Python é a linguagem de programação mais popular atualmente e é mantida 100% pela comunidade (*open source*). Isso significa que não estamos vinculados a uma única plataforma ou fornecedor e podemos aproveitar a ampla gama de recursos, bibliotecas e suporte oferecidos pela comunidade Python. Essa flexibilidade nos dá maior liberdade para adaptar e evoluir nossas automações de acordo com as necessidades do negócio, sem depender exclusivamente de uma plataforma específica.

2.4.3. Uma linguagem, muitos caminhos

A jornada de aprendizado de RPA *low code* é fantástica, mas ensina principalmente a trabalhar apenas com RPA. No entanto, ao aprender Python, uma linguagem de programação versátil e de uso geral, você adquire habilidades que vão além da RPA. Python é amplamente utilizado em áreas como inteligência artificial, ciência/análise/engenharia de dados, desenvolvimento *web* (*front end* e *back end*), aplicativos móveis e *desktop*, IoT, entre outras. Pensando a médio prazo, dominar Python trará um conhecimento valioso para o Centro de Excelência (CoE). Isso permitirá que você evolua além da RPA e se envolva em iniciativas de hiperautomação, explorando todo o potencial dessa abordagem abrangente.

2.4.4. Melhor curva de aprendizado

Embora possa parecer contraditório, estamos discutindo aqui a questão da "melhor" curva de aprendizado, e não necessariamente da "menor". Python, como mencionado anteriormente, é a linguagem de programação mais popular da atualidade e pode ser aplicada em uma ampla variedade de situações, não se restringindo apenas a RPA.

Uma pessoa que já tenha aprendido Python em qualquer área, mesmo que não seja relacionada a RPA, poderá facilmente aprender RPA em pouco tempo. Profissionais com nível de experiência intermediário a avançado podem dominar RPA em poucos dias. Além disso, é importante mencionar que muitos cursos de TI já incluem Python em suas grades curriculares.

Aqueles que já possuem conhecimento de programação em qualquer outra linguagem também podem aprender Python rapidamente. Além de ser uma linguagem simplificada, existem inúmeros cursos gratuitos disponíveis para auxiliar no aprendizado.

2.4.5. Democratização da tecnologia

Devido à sua popularidade, flexibilidade e facilidade de uso, Python se estabeleceu como uma linguagem de programação transversal em todas as áreas de negócio de uma empresa. Na Andrade Gutierrez, por exemplo, oferecemos treinamentos internos de Python, e em uma das turmas tivemos mais de 60 inscritos, incluindo profissionais de diversas áreas, como engenharia, contabilidade, suprimentos, recursos humanos e planejamento estratégico. Algumas áreas da empresa já estão exigindo conhecimento em Python como requisito para preenchimento de vagas.

Em nossa visão de futuro, essa disseminação do conhecimento em Python permitirá descentralizar o Centro de Excelência (CoE), acelerando assim a transformação digital em toda a organização. É importante ressaltar que essa descentralização deve ser cuidadosamente planejada, garantindo a manutenção das boas práticas e da governança em um alto nível.

2.5. Lições aprendidas

2.5.1. CoE hiperautomação dentro da TI

Ao acompanhar a jornada de várias empresas na implementação de RPA, é evidente que muitas optaram por estabelecer seus Centros de Excelência (CoE) fora do departamento de Tecnologia da Informação (TI), e essa abordagem é compreensível e até mesmo bem-sucedida em muitos casos.

No entanto, à medida que são incorporados novos elementos, como BPMS, APIs e inteligência artificial, fica cada vez mais claro que a gestão do CoE feita pela TI ao longo dos anos faz sentido. Mesmo que não seja diretamente dentro da TI, é importante que o CoE esteja sob a mesma diretoria ou dentro da mesma estrutura organizacional.

Essa integração é crucial para garantir a coordenação eficiente entre os diferentes departamentos e equipes envolvidos nas iniciativas de automação. A TI possui o conhecimento e a expertise necessários para lidar com questões relacionadas à infraestrutura tecnológica, segurança, integração de sistemas e conformidade.

Ao unir as habilidades técnicas da TI com o conhecimento de negócio das áreas envolvidas, é possível criar um ambiente de colaboração que impulsione a transformação digital de maneira eficaz e sustentável. Essa abordagem permite que o CoE alcance todo o seu potencial e obtenha resultados significativos para a organização como um todo.

2.5.2. Foco na formação do time

Ter um plano estruturado de formação para as pessoas que fazem ou farão parte da equipe é essencial. Isso não apenas ajuda na padronização de processos e conceitos, como também acelera o início do trabalho.

Na Andrade Gutierrez, desenvolvemos cursos abrangentes para capacitar nossa equipe. Todos os anos iniciamos uma nova turma para proporcionar essa formação.

Para se ter uma ideia da duração do curso, o de formação RPA, por exemplo, tem uma carga horária de três a quatro meses, com três aulas por semana, com duração de duas horas cada. É um cronograma intensivo, mas o esforço vale a pena.

Além disso, também oferecemos treinamentos voltados para BPMS, SQL, metodologias ágeis e governança.

Essa abordagem de formação abrangente e estruturada permite que a equipe adquira habilidades necessárias não apenas em Python e RPA, mas também em outras áreas relevantes, fortalecendo assim a capacidade do CoE e contribuindo para a transformação digital da empresa.

2.5.3. Tenha um *template* de desenvolvimento

Conseguimos realizar a migração rápida de várias automações devido à existência de um *template* de desenvolvimento desde o início do processo.

O *template* de desenvolvimento consiste essencialmente em um esqueleto de código Python com implementações prévias de muitos elementos comuns. Ao iniciar uma nova automação, criamos uma cópia do *template*, mantendo apenas o necessário e implementando a lógica específica da automação em questão.

Nosso *template* foi projetado para se integrar ao orquestrador da Botcity, enviar e-mails, relatar economias alcançadas, trabalhar com arquivos de configuração e registrar *logs*. Esses são os recursos essenciais que consideramos. Além disso, desenvolvemos vários *plugins* (na prática, classes) para trabalhar com arquivos do Excel, Word, PowerPoint e PDF, estabelecer conexões com bancos de dados SQL e HANA, navegar pelas telas do nosso ERP e muito mais.

Ter um *template* de desenvolvimento traz muitas vantagens. Ele facilita significativamente a sustentação das automações, acelera o processo de desenvolvimento, evitando a "reinvenção da roda", e mantém um padrão consistente em todas as automações.

Dessa forma, nosso *template* desempenha um papel fundamental na garantia da eficiência e qualidade das automações, permitindo que nossa equipe se concentre na lógica específica de cada tarefa, sem se preocupar com a infraestrutura básica necessária para a execução das automações.

Graças à implementação do *template* de desenvolvimento, a Andrade Gutierrez obteve resultados impressionantes em termos de migração de automações. Em um período de apenas dez dias corridos, a empresa foi capaz de migrar 22 automações essenciais para a nova plataforma. Esse ritmo acelerado de progresso continuou nos dois meses seguintes, resultando na migração bem-sucedida de mais de 50 automações.

2.5.4. Tenha um *dashboard* de operação

Gerenciar e monitorar muitas automações e vários robôs requer atenção constante. Quanto mais automações temos, maior é o desafio de orquestrá-las de maneira eficiente.

Embora o Botcity ofereça *dashboards* para acompanhar a execução dos robôs e das automações, decidimos desenvolver um *dashboard* personalizado para consultar dados em tempo real utilizando a linguagem de programação Python. Esse *dashboard* nos ajuda a responder a três perguntas essenciais:

1. **O que foi executado?** Nesta seção, apresentamos informações sobre as últimas automações que foram executadas, juntamente com seus respectivos status de conclusão. Isso nos permite ter uma visão clara do histórico de execução e identificar eventuais problemas ou anomalias.
2. **O que será executado?** Aqui listamos as próximas automações agendadas para serem executadas. Com essa informação, podemos planejar e organizar melhor o fluxo de trabalho, garantindo que todas as tarefas sejam realizadas de acordo com o cronograma estabelecido.
3. **Existem impedimentos?** Esta seção nos permite verificar a disponibilidade dos robôs e dos principais sistemas utilizados pela empresa. É fundamental ter conhecimento sobre a disponibilidade desses recursos, pois muitas automações dependem deles para funcionar corretamente. Dessa forma, podemos antecipar possíveis problemas e tomar medidas proativas para evitá-los.

Com nosso *dashboard* personalizado, temos uma visão abrangente e atualizada das automações em andamento, permitindo um gerenciamento mais eficaz e uma resposta rápida a qualquer problema que possa surgir. Essa ferramenta nos proporciona maior controle e garantia de que nossas automações estão sendo executadas conforme o planejado.

2.5.5. Reporte ganhos sempre

Apresentar os ganhos obtidos com RPA é uma tarefa relativamente simples, porém requer disciplina e organização. Ao longo da nossa experiência, observamos diversas iniciativas de desenvolvimento de automações que não registravam os *savings* alcançados. Da mesma forma, algumas empresas relatavam *savings* apenas com base em informações coletadas durante entrevistas com as áreas de negócio.

Na Andrade Gutierrez, adotamos uma abordagem diferente: criamos uma base de dados com poucas tabelas para registrar de forma consistente nossos ganhos com as automações implementadas. Essa estrutura nos permite mensurar e analisar os benefícios alcançados de maneira precisa e confiável.

As tabelas e os campos que compõem essa base de dados são os seguintes:

1. Tabela "Automação"

- ✓ **Identificador:** campo para registrar um identificador único para cada automação.
- ✓ **Nome e descrição:** campos para descrever brevemente o objetivo e a funcionalidade da automação.
- ✓ **Tempo economizado por transação:** campo para registrar o tempo economizado em segundos por cada transação automatizada.
- ✓ **Área responsável:** campo que indica a área da empresa responsável pela automação.
- ✓ **Função da pessoa:** campo que identifica a função da pessoa que realizava anteriormente a atividade automatizada.

2. Tabela "Log"

- ✓ **Identificador da automação:** campo para vincular cada registro de *log* à automação correspondente.
- ✓ **Itens processados com sucesso:** campo para registrar a quantidade de itens processados com êxito pela automação.
- ✓ **Itens com falha:** campo para registrar a quantidade de itens que apresentaram falhas durante o processamento.
- ✓ **Tempo de início e fim da automação:** campos para registrar o horário de início e término da execução da automação.

A cada execução de uma automação, todas as informações relevantes são registradas na tabela de *log*.

Com essa estrutura de dados, podemos extrair diversos indicadores valiosos, tais como:

- ✓ Volume total de transações automatizadas.

- ✓ Horas economizadas em função das automações.
- ✓ Valor monetário economizado em decorrência das automações.
- ✓ Percentual de transações concluídas com sucesso.
- ✓ Percentual de transações que apresentaram falhas.
- ✓ Tempo médio necessário para executar uma transação automatizada.
- ✓ Comparação de desempenho entre os robôs e o trabalho realizado manualmente.

Esses indicadores nos fornecem *insights* valiosos sobre o desempenho e a eficácia das nossas automações, permitindo uma análise aprofundada do retorno sobre o investimento e o impacto positivo das iniciativas de RPA em nossa organização. Além disso, esses dados embasam tomadas de decisão estratégicas e fornecem subsídios para otimizar ainda mais nossos processos automatizados.

2.5.6. Use bibliotecas com comunidade ativa

A comunidade Python é verdadeiramente extraordinária, e seu tamanho é simplesmente impressionante. Um dos principais benefícios dessa comunidade vibrante é a disponibilidade de inúmeras bibliotecas prontas para uso, e o melhor de tudo é que a maioria delas é gratuita. No entanto, é importante ressaltar que o uso dessas bibliotecas é de responsabilidade do usuário, uma vez que algumas delas podem estar totalmente obsoletas ou não receber atualizações há bastante tempo.

É altamente recomendado que, sempre que possível, você dê preferência a bibliotecas que tenham tido atualizações recentes. Além de garantir a compatibilidade com a versão do Python que você está utilizando, o uso de bibliotecas atualizadas oferece benefícios significativos em termos de correção de *bugs* e, por consequência, ajuda a mitigar possíveis problemas relacionados à segurança da informação.

Na prática, a maioria das automações realizadas com Python geralmente envolve o uso de um conjunto específico de bibliotecas, que são altamente ativas e amplamente adotadas pela comunidade. Em média, cerca de 30 bibliotecas são suficientes para atender a aproximadamente 90% das necessidades de automação. Essas bibliotecas são continuamente atualizadas, aprimoradas e mantidas pela comunidade, o que garante a estabilidade e a confiabilidade necessárias para o desenvolvimento de soluções eficientes e seguras.

3. *Case* Natura

Albert Otoni

3.1. Apresentação da empresa

Fundada em 1969 por Luiz Seabra, Guilherme Leal e Pedro Passos, a Natura nasceu da paixão para relações e para cosméticos, com o objetivo de despertar o que há de mais belo nas pessoas.

Natura foi a primeira marca a falar de beleza sem estereótipos. Sua essência carrega cuidado, amor e respeito pelas pessoas e pela natureza. A crença de que a vida é uma cadeia de relações e que tudo no universo é interdependente guia a Natura no compromisso com a sustentabilidade.

Em 2014, a Natura tornou-se a primeira empresa de capital aberto, empresa certificada como B Corp, reconhecida como tendo um modelo de negócio capaz de gerar um impacto positivo na sociedade. A Natura, líder em vendas diretas no Brasil, tem mais de 1,8 milhão de consultoras espalhadas por todo o Brasil e pela América Latina.

Recentemente, a empresa expandiu e diversificou seu modelo de negócio: além do relacionamento com a venda direta, a Natura possui mais de 100 lojas próprias e *e-commerce*, além da presença em mais de 3.000 drogarias. O portfólio da Natura é composto por mais de 1.000 produtos, divididos em 33 marcas e 10 categorias. Mais de 80% das fórmulas da empresa são vegetais. A Natura tem relacionamento com mais de 5.300 famílias em um modelo que incentiva técnicas de produção que contribuem para manter 257.000 hectares de floresta tropical de pé.

3.2. Abrangência do *case*

Este *case* visa demonstrar a jornada RPA estruturada e implantada na Natura, apresentando casos onde o CoE Automation, sob a liderança do colaborador Albert Otoni de Souza, enfrentou desafios como a aprovação do modelo estratégico, a busca de investimentos, a comprovação de resultados além da mudança de cultura na empresa para automações.

3.3. Jornada Automação Natura

De 2005 para 2006, a Natura decidiu automatizar atividades do dia a dia para ganhar agilidade nas atividades diárias, e assim surgiram as primeiras automações. Uma jornada tímida que envolvia o ERP utilizado na empresa: foram selecionadas atividades repetitivas, cujo processo era conhecido. Para que essas automações não impactassem demais, foram escolhidos processos maduros.

As primeiras automações garantiram a segurança das informações trabalhadas, gerando resultados satisfatórios e comprovando o valor sobre o investimento realizado. O sucesso das automações foi imenso. Até que, no ano de 2017, mais uma vez a Natura busca inovar através da Central de Serviços Compartilhados. Cinco colaboradoras sem conhecimento tecnológico em linguagem de programação decidiram inovar utilizando tecnologia RPA (*Robotic Process Automation*). Essa iniciativa gerou muito empenho da equipe liderada pelo gestor da época: todo o time estudou o tema RPA, as tecnologias disponíveis no mercado, os fornecedores capacitados para apoiar na iniciativa etc. Depois de todo o dever de casa realizado, seguiram para a criação das primeiras automações utilizando a tecnologia número 1 do quadrante mágico da Gartner naquele ano.

As automações foram desenvolvidas e mais uma vez os resultados foram satisfatórios, animando toda a empresa a expandir a construção das automações para outros países onde a Natura possui escritórios, pessoas e processos. Nos demais países a iniciativa chegou com bons olhos. Treinamentos foram oferecidos, foram feitas consultorias sobre centro de excelência, foi dado apoio à escolha dos fornecedores, porém as automações seguiram utilizando novas tecnologias em vez da tecnologia utilizada no Brasil. A construção das automações seguiu aumentando cada vez mais, mas toda a governança antes pensada não estava sendo seguida.

Mediante o cenário que estava se instaurando, ao final de 2019 o até então gerente de projetos e colaborador Natura Albert Otoni esboçou sua ideia de CoE Automation, uma governança centralizada no Brasil que possibilitasse a construção de automações seguras e rentáveis para a América Latina. A ideia apresentada aguçou os olhos da gestão tecnológica envolvida com o ERP utilizado pela empresa. Assim, o colaborador

Albert Otoni obteve um prazo de sete meses para estudar RPA, tecnologias, modelos de CoE (Centro de Excelência), formatar um projeto e apresentá-lo para aprovação.

O projeto foi estruturado e apresentado buscando aprovação das diretorias de tecnologia, CIO, vice-presidência e presidência Natura. Após aprovação do CoE Automation Natura e sua oficialização, colocando fim a outros supostos centros de excelências espalhados pela organização, este seguiu instaurando sua governança e organizando todo *as is* existente, atuando na correção de pontos de auditoria sobre as automações criadas pela central de serviços compartilhados.

A atuação do CoE foi brilhante. Foi criado um plano de ação com a cooperação das áreas de tecnologia na resolução dos itens apontados pelo time de auditoria interna. O CoE conseguiu resolver todos os itens apontados, e o trabalho foi entregue e homologado junto ao time de auditoria em 90 dias.

Como todo bom trabalho realizado, é muito importante construir uma base sólida, pautada em estudos e pesquisas, realizar *benchmarks*, investir em consultoria para fazer um estudo de maturidade das automações existentes e assim apoiar o centro de excelência e buscar escalabilidade das automações na organização. Em 2020 e 2021, o CoE Automation seguiu realizando estudos e testes para criação de automações através do modelo ágil e/ou da metodologia *waterfall*. Foram tempos difíceis, com muitas horas de trabalho, estudos e participação em feiras e eventos para aprender cada vez mais e buscar novas tecnologias.

Em 2022 o centro de excelência em automações ficou estagnado e não obteve grandes ganhos e avanços. A falta de investimento assombrava o centro de excelência, assim como a falta de apoio das demais áreas de tecnologia. As demandas de RPA apareciam em gotas, e a disputa por recursos era grande, dificultando a aprovação das automações. Então o centro de excelência passou por uma mudança drástica: foi retirado de uma torre vertical em tecnologia e colocado junto à diretoria de tecnologia estratégica, tornando-se um parceiro dos demais centros de excelência existentes na organização e colocando-se na posição estratégica de permitir que todas as áreas das empresas que compõem a Natura tivessem acesso às automações.

O centro de excelência segue atuando e construindo automações, apresentando os resultados dos investimentos realizados pelas áreas de negócio e tecnologia.

3.4. Resumo dos processos

Entre tantas atividades automatizadas que pertencem aos processos existentes nas áreas e empresas do grupo, podemos destacar três automações que trouxeram grande destaque ao trabalho realizado pelo centro de excelência em automações da Natura. São elas:

- ✓ Extração de relatórios Gera.
- ✓ Cadastro de promoções.
- ✓ Desistência de pedidos.

A seguir, um breve resumo de cada atividade automatizada.

3.4.1. Extração de relatórios ERP Gera

As cinco automações construídas com a tecnologia Automation Anywhere têm como objetivo acessar o sistema Gera todas as madrugadas e realizar o *download* de 55 relatórios. Essa ação é realizada nos cinco países onde a Natura atua. Por noite, temos um volume de dados expressivo (alta volumetria), se tratando de dados retroativos, ou seja, D-1 até D-30. Informações dos dias contidos no mês corrente são baixadas para armazenamento em tabelas existentes em um banco de dados na nuvem. Essas informações alimentam os indicadores da área de negócio. Esse trabalho é diário e não pode conter falhas.

A automação viabiliza a ingestão dos dados, trabalha em tempo recorde e é não invasiva. Todo esse trabalho fornece dados utilizados na redução de custo da organização, e os resultados são medidos através do indicador PPM (Partes Por Milhão), gerado através das informações captadas pela automação e inseridas no banco de dados. A área de negócio estima reduzir custos nos próximos três anos, chegando a uma economia de seis milhões de reais.

Essa automação é inovadora: ela utiliza tecnologia para tráfego de informações entre redes apartadas, garantindo a segurança das informações para geração dos indicadores na área de negócio. Esse *case* será utilizado pela AWS (*Amazon Web Services*) como caso de sucesso por utilizar tecnologia Amazon além de concorrer na Lei do Bem (Lei nº 11.196/2005).

Uma breve descrição da automação:

Todos os dias, de madrugada, as automações atuam buscando relatórios nos respectivos países, com informações sobre a produção Natura e Avon, que são analisadas pela área de qualidade das empresas. Após a extração dos relatórios, a automação imputa os dados em um *Bucket* (AWS), permanecendo lá por algumas horas até que é executado um *script* responsável pela extração dos dados contidos nos arquivos. O *script* parte de um *Redshift/Sandbox* para capturar as informações contidas, imputando-as em tabelas do *Sandbox*. Realizado o trabalho de *insert* das informações nas tabelas, os indicadores criados com a tecnologia PowerBI (Microsoft) são alimentados para apresentação aos integrantes da área de qualidade e atuação durante o dia de trabalho.

O interessante neste *case* é que são países diferentes, redes que não se conversam. Extraímos dados em tempo recorde para disponibilização e geração dos indicadores que bebem das informações do banco de dados na nuvem AWS, que, por sua vez, garante a segurança e a integridade dos dados.

3.4.2. Cadastro de promoções

A automação de cadastro de promoções desenvolvida em Automation Anywhere é responsável pela leitura do arquivo Excel (promoções) fornecido pela área de varejo da Natura. No arquivo existem promoções associadas à mecânica criada pela área: cada ciclo contém suas respectivas promoções e revistas. As revistas contendo as promoções são enviadas às consultoras Natura, que atuam na venda direta dos produtos aos consumidores finais. A automação é muito importante e possibilita os seguintes benefícios:

- ✓ Redução de custos.
- ✓ Custos evitados.
- ✓ Aumento de produtividade.

Os benefícios, quando somados, chegam na marca de um milhão de reais ao ano.

A automação atua uma ou duas vezes no mês publicando as promoções. Estamos ampliando o trabalho dessa automação para cadastro das promoções no *e-commerce* Natura, além de testarmos as promoções antes da publicação.

Estamos trabalhando para converter a automação no produto: "Cadastro de Promoções". Isso possibilita o reaproveitamento da automação nos países onde possuímos a venda direta dos produtos Natura e Avon.

Uma breve descrição:

A automação é executada uma ou duas vezes por mês. Ela realiza a leitura das promoções existentes no arquivo Excel disponibilizado em pasta de rede interna Natura. O arquivo contém um *template* acordado com a área de negócio responsável pelo preenchimento e pela sua disponibilização. A pasta de rede foi definida junto com o time de negócio, além da rotina de expurgo dos arquivos após o processamento. Uma vez realizada a leitura das promoções, a automação acessa o ERP (SAP) para imputar as informações, além de criar as promoções no sistema Promo.

Realizada a criação das promoções, feita a inserção nos sistemas e após suas aprovações, as promoções serão apresentadas aos consumidores através das consultoras de beleza pelas revistas de cada ciclo.

3.4.3. Desistência de pedidos

Esta foi uma solicitação urgente criada em tempo recorde: uma semana para desenvolvimento, testes, *deploy* no ambiente de homologação, aprovação da área de negócio e *start* do processo de GMUD (gestão de mudanças) que permita o *deploy* da automação em ambiente produtivo.

O empenho do *squad* responsável pelo desenvolvimento da automação, em conjunto com a área de negócio e tecnologia Natura, possibilitou o desenvolvimento e a entrega antes da *Black Friday* 2022, quando o volume de trabalho atinge 400 pedidos ao dia para cancelamento e ressarcimento do valor. Esse trabalho, realizado por pessoas, estava ultrapassando o prazo de 48 horas. Executado pela automação, atingimos um tempo de processamento e trabalho de duas horas, uma queda expressiva que melhorou muito o indicador da área de negócio.

A automação foi desenvolvida com um *mix* de tecnologias. Um item diferenciado nessa solução foi a criação de uma automação para ler a fila de pedidos classificados como desistentes. Essa automação foi desenvolvida em Blue Prism, ferramenta capaz de ler o CRM Dynamics cliente existente na empresa – diga-se de passagem, uma versão antiga de difícil captura das informações por tela. Para processamento dos pedidos e baixa, utilizamos a tecnologia Automation Anywhere trabalhando em paralelo para baixa dos pedidos e reembolso no CRM Dynamics Web.

A implantação da automação foi um sucesso, atuando de forma impecável durante a Black Friday de 2022 e processando 400 pedidos por dia, com volume de 1.500

casos ao mês, com alta efetividade de trabalho e redução do custo da operação em R$ 126 mil por mês.

3.5. Áreas atendidas

O CoE Automation atende a diversas áreas das empresas existentes no grupo (Natura, Avon, The Body Shop e N&Co Pay) nos países da América Latina, lembrando que existem redes apartadas, ou seja, que não são integradas.

As áreas que mais demandam automações são:

- ✓ Finanças.
- ✓ Operação e logística.
- ✓ Atendimento.
- ✓ Planejamento comercial.
- ✓ Contas a receber.

Possuímos um total de 5.700 robôs atuando em diferentes tecnologias, um parque significativo.

3.6. Estratégia aplicada

Iniciamos o CoE Automation adotando a estratégia padrão de mercado aplicada em projetos: um modelo projetizado seguindo um fluxo sequenciado de atividades conforme a imagem a seguir.

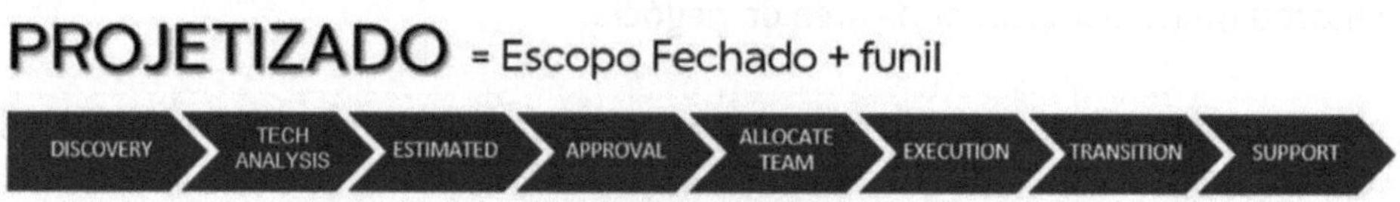

Figura 2. Modelo projetizado.
Fonte: o autor.

O modelo fluiu bem por alguns meses, porém surgiram reclamações das áreas de negócio sobre a vazão das demandas/oportunidades que estavam chegando ao CoE, além dos longos prazos e da demora para realização de devolutivas para a área de negócio perante cada etapa do fluxo. O CoE Automation analisou todo o processo e as lições apreendidas, e nos desafiamos a criar um modelo ágil para automações, onde um ou mais *squads* atuam no desenvolvimento e na sustentação das automações criadas. Esse modelo foi criado e proposto para a organização.

Em 2022 testamos o modelo realizando um piloto com *baseline* de 15 processos gerando 44 novos robôs. O modelo se mostrou eficaz e permanece até os dias atuais. A seguir, imagem do modelo desenhado e utilizado por nós.

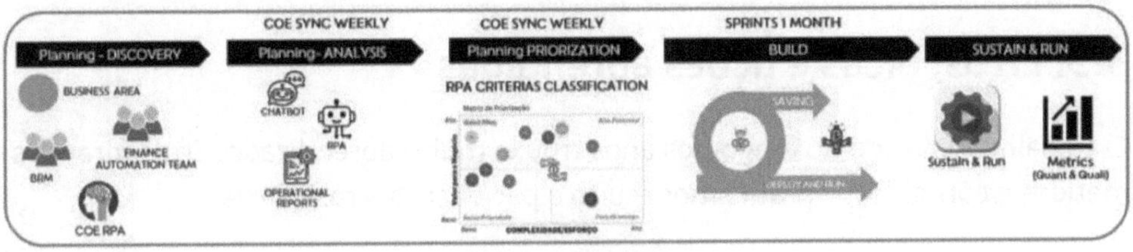

Figura 3. Modelo ágil.
Fonte: o autor.

3.7. Tecnologias e equipe

Possuímos as principais tecnologias de mercado para criação das automações:

- ✓ UiPath – Países hispânicos
- ✓ Automation Anywhere – Brasil
- ✓ Blue Prism – Brasil
- ✓ Power Platform Microsoft – Brasil
- ✓ IRPA SAP ou SBPA – Brasil e países hispânicos
- ✓ AWA Broadcom – Brasil

Atuamos com um time enxuto: um *squad* de cinco pessoas responsável pelo desenvolvimento de novas automações e outro *squad* de três pessoas responsável por suporte e sustentação das automações entregues em ambiente produtivo. Além dos *squads*, possuímos um *Leader CoE* e um *bot supervisor*, responsável pelo acompanhamento diário das automações no ambiente produtivo, pelo envio de *reports* e pela alimentação dos indicadores para apresentação dos resultados e da efetividade da operação RPA.

3.8. Resultados obtidos

Coletamos bons resultados no primeiro semestre de 2023 graças ao trabalho realizado durante o ano de 2022. Dividimos os resultados entre benefícios "quantitativos e qualitativos". A seguir, os números estimados, lembrando um item importante para operação RPA que fica como dica para você que deseja construir um centro de excelência em automações: comprove os resultados obtidos. Todo benefício quantitativo precisa conter lastro (forma de comprová-lo à empresa quando questionado).

- ✓ Redução de custos: ~1 milhão de reais.
- ✓ Custos evitados: ~10 milhões de reais.

3.9. Erros, dicas e lições aprendidas

O trabalho realizado ao longo dos anos trouxe muito aprendizado. Erros foram cometidos e corrigidos, e praticamos muito a paciência e a resiliência.

Não tenha medo de errar, mas tente mitigar ao máximo os erros. Converse com seu time/equipe, analise todo o cenário, procure atuar em oportunidades cujos erros são conhecidos e que para as quais exista um plano de ação caso o erro ocorra. Busque atuar o mais rápido possível na resolução dos problemas emergentes, ou seja, um time unido buscando uma solução ágil e eficaz mediante o problema. Evite hierarquias como: "eu sou o chefe, o gestor". Atue como líder e busque o resultado como um todo para a equipe. Celebre as conquistas juntos. É muito importante reconhecer o time de forma integral e as pessoas de forma individual.

Filtre bem as oportunidades de automação. Não faça automações por fazer, não foque só no FTE; existem outros benefícios que podem viabilizar sua automação perante a organização. Tome muito cuidado com os custos para desenvolvimento e manutenção da automação. Observe as licenças dos softwares RPA e dos sistemas operacionais, os pacotes auxiliares e calcule todos os custos. Elabore um *business case* e valide-o com seu financeiro, verificando o retorno sobre investimento realizado.

Tenha em mente que cada automação deve se pagar. Automação que não se pague deve ser estudada e aprovada pela organização – geralmente são automações que evitam multas e grandes riscos, e são solicitadas por áreas como auditoria, jurídico, controles internos etc. Quando essas demandas surgirem, crie um pacote onde uma automação com grande benefício compense aquela que não possuir benefício quantitativo.

Dica: é muito importante que as automações se paguem e que os benefícios fiquem na área de negócio, assim como os custos para desenvolvimento e manutenção da automação.

Lembre-se, o centro de excelência em automações é um facilitador de soluções mediante problemas existentes de negócio. Ele leva a automação para solucionar os problemas nas áreas, podendo atuar com outros centros de excelência e tecnologias na resolução dos problemas. Execute reuniões diárias de 15 minutos para acompanhamento das novas demandas e operação *as is*, realize uma reunião semanal de diretoria apresentando os resultados da semana, crie indicadores para entregas e operação diária, mantenha contato com as áreas de negócio e faça com que compreendam e participem do processo de criação da automação como um novo integrante da equipe, que se sintam donos dela.

Por fim, deixo uma sugestão que ajuda a não cair nas armadilhas sistêmicas: "se você ou seu time não conhece o sistema ou o ambiente onde será construída a automação solicitada, peça ao usuário/área de negócio uma *sprint* zero e utilize-a como prova de conceito para verificar se é possível robotizar ou não a atividade". Estime a complexidade, o tempo e o custo do trabalho que será realizado. Essa prática evita situações em que o usuário aguarda a solução pronta e recebe um "não foi possível criar sua automação".

3.10. Boas práticas e encerramento

Como boas práticas, participe de eventos, feiras, palestras, lançamento de livros etc. Assista a vídeos sobre automação e estude novas tecnologias que agreguem valor junto às automações para as áreas de negócio. São ministrados treinamentos com o objetivo de mudar o *mindset* das áreas de negócio dentro da organização.

Desejo sucesso para você, leitor ou leitora, na jornada de automações ou na criação de um Centro de Excelência responsável pela governança das automações dentro da sua organização. Busque benefícios – sejam eles quantitativos, qualitativos ou pontuais. Evite perdas ou multas e apresente para sua organização os ganhos das automações através das tecnologias RPA. Treine pessoas e áreas de negócios, e evangelize o assunto, ensinando que as automações vieram para somar nas atividades diárias.

Dificuldades irão existir, mas não desanime. Tenha paciência e resiliência. Esteja cercado de boas pessoas, bons fornecedores e boas tecnologias. Siga em frente mitigando riscos, realizando entregas e comprovando valores sobre investimentos realizados. Por fim, elabore uma bela apresentação dos resultados obtidos através das automações e celebre as conquistas.

4. A jornada de implantação de um CoE e RPA como oportunidade para transição de carreira

João Calíope

4.1. O início...

Essa história começa nos primeiros meses de 2019, em uma grande multinacional do ramo de publicidade e propaganda, mais especificamente em um CSC (Centro de Serviços Compartilhados). Neste CSC eram centralizadas áreas administrativas e financeiras, tais como contas a pagar, contas a receber, tesouraria, planejamento financeiro, contabilidade, fiscal, *report*, departamento pessoal, faturamento, *checking*, cadastro e TI, em uma operação com mais de 100 funcionários.

Devido à natureza do negócio, grande parte das tarefas desempenhadas pelos times tinha características bem peculiares: grande volume de transações com dados estruturados, atividades rotineiras com baixa ou média complexidade e operação com diversas empresas do grupo com alto nível de padronização de processos, facilitando também o *input* e *output* de dados nos ERPs utilizados pela *holding*.

No início daquele ano, em uma conversa com outros líderes de empresas do segmento, o CFO do grupo ouviu falar de uma tecnologia que estava emergindo em diversos segmentos de mercado e que poderia trazer eficiência e produtividade à operação, sobretudo em empresas cujas tarefas eram repetitivas e com grande volume transacional. Nem preciso dizer que aquilo caiu como uma luva!!!

Dias após essa conversa, ele chamou algumas das lideranças do CSC, contou-nos o que tinha ouvido e colocou um desafio para todos nós: "...chamam essa tecnologia de RPA (*Robotic Process Automation*) e acredito que tem tudo a ver com a nossa operação...".

Eu já havia participado de outras reuniões para falar sobre projetos e melhorias, mas aquilo mexeu comigo. Era algo novo e desafiador e, não sei como explicar, parecia que naquele momento eu havia encontrado meu caminho.

Na ocasião eu tinha pouco mais de cinco anos de companhia. Para se ter uma ideia, entrei na empresa para atuar como Gestor de Viagens Corporativas, devido ao meu histórico profissional em empresas no segmento de transporte aéreo e turismo. Em pouco tempo, mostrando meu trabalho e ajudando diversos colegas, tive a oportunidade de apoiar mais de perto as áreas financeiras de contas a pagar, contas a receber e tesouraria.

Como sempre tive grande habilidade com o Microsoft Excel, pude contribuir bastante com controles e planilhas para essas áreas. Poucos meses antes daquela reunião, eu estava em um projeto de melhoria de processos nas áreas de contabilidade e *report*.

Após aquela reunião, quando cheguei na minha mesa, a primeira coisa que fiz foi procurar no Google o que era "esse tal de RPA". Nas primeiras pesquisas, pasme, apareciam coisas do tipo Recibo de Pagamento Autônomo! Naquela época – e 2019 nem faz tanto tempo assim – ainda não havia tantas informações quanto temos hoje.

4.2. Desafio

4.2.1. Como implementar o projeto sem saber o que é e como funciona o RPA?

O primeiro desafio foi entender o que era RPA, quem eram os *players* do mercado e como iniciar essa jornada. Após muitas horas de pesquisa, coletei diversas informações e passei a entender um pouco melhor a tecnologia. Durante as buscas, notei que havia três grandes empresas que forneciam essa tecnologia: Blue Prism, UiPath e Automation Anywhere. Com mais algumas anotações, voltei para o grupo de trabalho e começamos a desenhar nossa estratégia de implementação. Vale ressaltar que a empresa não possuía essa expertise e não havia ninguém, até aquele momento, que tivesse tido contato com esse tipo de tecnologia.

Nesse projeto embrionário, éramos um grupo de trabalho com cerca de cinco pessoas, com funções de liderança nos setores de controladoria, financeiro, operações e TI da empresa. Diante do cenário que se desenhava, fomos unânimes em decidir que precisaríamos de mais experiência para seguirmos adiante. O apoio de uma consultoria em tecnologia seria ideal para esse início. Contatamos três consultorias e marcamos algumas reuniões para entendermos questões diversas como *setup*, programação, infraestrutura, custos, entre outras informações.

Passados alguns dias, já com um pouco mais de entendimento sobre RPA, seu funcionamento e possível aderência ao nosso negócio, já tínhamos mais clareza sobre os próximos passos. Diante das pesquisas que fizemos, vimos que uma empresa se destacava das demais. Para nós, o conteúdo disponível em sites de pesquisa, vídeos explicativos em canais no YouTube, a interface amigável do programa, além da reputação percebida, fizeram com que decidíssemos por um dos grandes *players*: a Automation Anywhere.

4.2.2. Uma PoC (prova de conceito) muda todo o jogo

Antes da contratação do software Automation Anywhere, solicitamos uma PoC para vermos, na prática, se nosso ERP tinha aderência com a tecnologia e testarmos como a ferramenta se comportava. Naquele momento eu já me sentia seguro, confiante e cada vez mais engajado, além de ter maior clareza sobre o que esperar da RPA. Aquele projeto já fazia parte do meu dia a dia, mesmo sem ainda ter tido contato na prática com a tecnologia.

No dia da PoC, conheci uma das pessoas que mudaria para sempre meu caminho e minha trajetória até então. O consultor que nos atendeu, Danilo Patês, logo no início se mostrou muito amigável, e tivemos uma sinergia muito boa. Ele conhecia bastante Automation Anywhere e muito de RPA. Com os acessos no computador, abri nosso ERP e expliquei para ele um processo bem simples, apenas para fazermos um teste sobre as funcionalidades da RPA. Ele abriu a interface do Automation Anywhere e começou a fazer a programação.

Eu olhava tudo atentamente, curioso e ansioso. Com o passar dos minutos fui adquirindo familiaridade com o código e comecei a entender boa parte das ações que ele fazia. *Ifs*, *elses*, *captures*, *strings*, tudo aquilo era novo para mim. Conforme as telas iam sendo capturadas, em uma sequência ordenada, fui entendendo na prática como a RPA funcionava.

Depois de uns 30 minutos ele comenta comigo: "acho que agora vai dar certo!". Danilo apertou um botão e, como em um passe de mágica, a tela do ERP abriu, o robô fez *login* "sozinho" e os cliques iam acontecendo na tela, um seguido do outro. Ver tudo aquilo acontecendo na minha frente, sem intervenção humana, sem mouse, teclado ou alguém clicando, era incrível!!!

Quando finalizamos a PoC, voltei para a minha mesa atônito! Vale lembrar que naquela época, antes da pandemia, o normal era trabalhar presencialmente. Naquele momento tive a dimensão do tamanho da mudança que a RPA faria não só na minha trajetória profissional, mas sobretudo na vida dos meus colegas, os quais estavam ali naquele momento trabalhando em várias entregas, rotinas e demandas.

Nós trabalhávamos em um andar com cerca de 200 pessoas. Ainda "em êxtase" com o que acabara de presenciar, um filme começou a passar na minha cabeça. Como eu havia atuado em diversos departamentos e conhecia um pouco das rotinas, fui relembrando algumas tarefas, associando-as com a RPA e pensando como poderíamos automatizá-las.

Nossa! Aquilo era grande demais! Havia muitas possibilidades. Era disruptivo. E poderia ajudar muitos colegas, liberando-os de tarefas monótonas e totalmente operacionais para algo mais analítico e criativo!!!

Ali, sozinho na minha mesa, olhando para os colegas, tive uma grande certeza: quero trabalhar com isso! Acredito que encontrei meu caminho, meu propósito pessoal e profissional!

4.2.3. Contratação, treinamento e formação de um comitê de RPA

Após a experiência de sucesso com a PoC, vimos que RPA realmente funcionava e tinha aderência com o nosso ERP. Decidimos então contratar a Automation Anywhere. Incluso na contratação, optamos por um treinamento presencial para entendermos na prática seu funcionamento.

Selecionamos dez pessoas de diferentes departamentos para fazerem parte do treinamento. Para incluir e engajar os participantes, demos a eles visibilidade sobre o que era RPA e como essa tecnologia poderia ajudar os times em tarefas repetitivas.

A nossa estratégia na convocação era, primeiro, que o maior número possível de pessoas tivesse acesso a essa tecnologia, para que, em um segundo momento, pudéssemos usá-las como multiplicadores de conhecimento. Para nós, se elas entendessem o funcionamento da RPA, ficaria mais fácil disseminar o conhecimento para os demais colegas e times.

Participamos então de um treinamento presencial de cinco dias. Ali tivemos uma imersão no mundo de RPA e pudemos conhecer de perto as funcionalidades disponíveis, aprendendo a usar cada item e sua aplicação na prática.

Naqueles dias tive o prazer de conhecer mais uma pessoa importante na minha jornada com RPA: nosso instrutor, o Bruno Mendes. De fala tranquila e conhecimento vastíssimo, ele foi conduzindo o treinamento passo a passo, com exemplos práticos e mostrando como poderíamos usar as funcionalidades da RPA em diversos casos de uso: captura de tela, preenchimento de *websites*, trabalhos com Excel, PDF, CSV/TXT, APIs, lógica de programação. Fizemos muita coisa legal! Finalizamos o treinamento com êxito e o mais importante: o time que participou também estava superengajado!

Durante os dias de treinamento tivemos a ideia de formar um comitê de RPA, o qual centralizaria todas as iniciativas ou possíveis oportunidades, além de ser um facilitador no mapeamento das áreas e dos processos a serem atendidos, visto que se tratava de uma iniciativa totalmente nova dentro da empresa.

4.2.4. Apenas com um treinamento já é possível implementar um CoE em uma empresa?

Mesmo após meses pesquisando sobre RPA, fazendo mapeamento de processos, assistindo a vídeos e treinando um pouco com os comandos atendidos durante o treinamento, ainda não nos sentíamos seguros para iniciar sozinhos uma jornada como essa. Sem direção e conhecimento sobre boas práticas não chegaríamos longe. Mas uma coisa para nós era certa: RPA iria mudar totalmente a forma como trabalharíamos nos próximos anos.

Diante disso, nosso próximo passo foi buscar uma consultoria que tivesse experiência na implantação de uma iniciativa de RPA e ao mesmo tempo pudesse nos dar o suporte necessário para levarmos o projeto adiante.

4.3. Plano

Passada a fase inicial de descobrimento do RPA e de treinamento de alguns membros das equipes, partimos para a fase de contratação de uma consultoria. Contatamos novamente algumas no mercado, mas havia uma que já trabalhava em alguns projetos internos na empresa. Devido à proximidade e ao conhecimento do nosso negócio, optamos por sua contratação.

4.3.1. Não ser dependente de uma consultoria para futuros desenvolvimentos

Apesar de estarmos no início da jornada, algumas coisas já eram bem claras para nós. Uma delas é que não poderíamos depender de uma consultoria para fazer todos os desenvolvimentos, as manutenções e a sustentação dos robôs a serem colocados em produção.

Com isso em mente, logo no início da parceria deixamos bem claro a nossa intenção de aprender ao máximo com eles para que pudéssemos ser "autossuficientes" em todos os quesitos: desenvolvimento, manutenção, sustentação e tudo o que envolvesse a iniciativa de RPA.

Outra premissa que colocamos foi a necessidade de o desenvolvimento ser feito de forma local, nas dependências da empresa, visto que nossa intenção era aprender com o consultor para que pudéssemos continuar mesmo após o término do contrato com a entrega dos projetos. Vale ressaltar aqui que estávamos em um cenário anterior à pandemia. Por ser um parceiro já conhecido, eles aceitaram os termos e seguimos adiante.

4.3.2. Precisamos de um responsável para liderar o projeto

Estávamos no mês de maio de 2019 e eu havia mergulhado de cabeça no projeto de RPA da empresa. Desde o início das pesquisas, PoC, contato com fornecedores, mapeamento de alguns processos e mesmo o contato com nossos colegas, eu estava superativo e confiante e tinha, de fato, abraçado essa causa.

Meses antes eu havia sido destacado pelo meu *Controller* para apoiar a melhoria de alguns processos na área de contabilidade e *report* da empresa. Como havia finalizado os projetos, estava no lugar certo e na hora certa para liderar esse projeto. Para mim, o projeto era desafiador por ser algo totalmente novo, além de uma grande oportunidade pessoal e profissional, visto que RPA conectava diversas habilidades e disciplinas.

Acredito que alguns pontos foram positivos e me ajudaram na nomeação: o conhecimento sobre os processos de outras áreas, o que daria uma visão holística e permitiria conectar departamentos, além de um bom trânsito com as áreas. Outra vantagem, que para mim seria também uma das coisas mais gratificantes e motivantes, era a minha facilidade em lidar com tecnologia, apesar de não ter essa formação acadêmica.

Uma das grandes chaves para o sucesso de qualquer implementação é fazer uma boa ligação entre a área de negócios e a área de tecnologia e desenvolvimento, e isso também era desafiador, mas ao mesmo tempo natural, para mim. Dessa forma, fui oficialmente destacado para liderar o projeto de RPA na empresa.

4.3.3. Seleção de dez projetos para iniciarmos os desenvolvimentos

Se formos procurar o significado "ao pé da letra", a palavra jornada remete a uma viagem, uma caminhada, um trajeto, que nem sempre tem um final. E a jornada que estávamos prestes a iniciar, de fato, não tinha um final ou uma data para encerrar. Havia inúmeras possibilidades e aplicações para o nosso negócio.

Porém, como havíamos contratado uma consultoria, eles trabalhariam com um projeto: seriam automatizados dez processos. Ou seja, tínhamos um entregável, uma data, prazos, etapas, um norte, e naquele início era tudo o que precisávamos!

Previamente, reunimos as lideranças do CSC (Centro de Serviços Compartilhados) para eleger pelo menos um processo por área para ingressar nesse projeto piloto. Após algumas entrevistas, elencamos processos nas seguintes áreas: cadastro, contas a pagar, contas a receber, contabilidade, *report*, planejamento financeiro e *Client Executive Finance* (CEF).

4.3.4. Ser uma sombra e aprender a desenvolver

Iniciamos o desenvolvimento do primeiro robô em junho de 2019. Era um processo da contabilidade: integração de lançamentos contábeis. A consultoria havia dedicado um recurso para nos ajudar na automação do processo.

Minha função principal era ser um elo entre a área de negócios e a consultoria. Eu tinha que entender muito bem o processo e fornecer o passo a passo para que a lógica fosse implementada de forma adequada para o bom funcionamento da automação. Naquele momento eu atuava como analista de negócios ou analista de processos.

Desde o início eu e o consultor tivemos uma grande sinergia. Após a passagem das regras de negócio, eu observava atentamente tudo o que ele fazia. Eu ia assimilando cada comando e como ele aplicava a lógica de programação. Enquanto ele arrastava os comandos, colocava condições de acordo com as regras de negócio, o código ia tomando forma e o processo, passo a passo, ia se desenhando.

Apesar de não ser programador, eu tinha certa familiaridade com linguagens de programação: o VBA do Excel me ajudou bastante, e também havia feito no passado alguns cursos como lógica de programação, SQL e HTML, tendo trabalhado em outra empresa com um projeto de desenvolvimento de uma solução. Além disso, havia participado ativamente do treinamento da Automation Anywhere. Sendo assim, tinha uma certa noção dos comandos que estavam sendo utilizados. O que precisava naquele momento era de paciência e atenção para não perder nenhum detalhe.

Com o passar dos dias, fui interagindo bem mais ativamente com o desenvolvimento, não só como uma ponte entre as áreas, mas, aos poucos, me envolvendo também na lógica aplicada na programação do robô. Em alguns casos pontuais, já dava sugestões certeiras de comandos, arquitetura e desenvolvimento.

Passados cerca de 15 dias de acompanhamento, já me sentia seguro para iniciar um projeto do zero. Comecei a desenvolver meu primeiro robô: fluxo de caixa para a área de tesouraria. Era um processo já mapeado com a área. Sabíamos qual era o resultado esperado, quais telas eram acessadas e a ordem das tarefas. Troquei bastante conhecimento e experiência com a liderança da área para entender as regras de negócio e encarei meu primeiro desafio. Pedi algumas dicas para o consultor, mas consegui implementar uma lógica consistente e em cerca de duas semanas finalizei esse projeto.

Para mim, aquilo era a realização de um sonho! Eu havia iniciado a jornada em fevereiro de 2019 apenas pesquisando, contatando fornecedores, olhando vídeos, e agora estava ali, fazendo o desenvolvimento de um robô que atenderia a uma área da nossa empresa. Com essa aplicação eu liberaria, pelo menos, duas horas diárias para que os colegas pudessem se dedicar a outras atividades. Isso foi mais um incentivo para continuar a desenvolver o projeto e, sobretudo, para me desenvolver como profissional.

4.3.5. A entrega do primeiro robô

Começamos o desenvolvimento pela área de contabilidade. Era um processo que rodava sempre durante o fechamento contábil, uma vez por mês. Estávamos no início do mês de julho e tínhamos a primeira janela no final do mês. Envolvemos o time contábil desde o início para entendermos as regras de negócio, possíveis exceções ao modelo e, principalmente, para fazê-los se sentir como parte integrante daquela solução. Após cerca de 30 dias entregamos nosso primeiro robô.

Toda estreia, em qualquer segmento, seja nas artes ou nos negócios, é sempre cercada de ansiedade e esperança. E a nossa não foi diferente. Aos olhos de quem fazia o processo manual, este era relativamente simples. Porém, para nós que havíamos dedicado quase um mês no desenvolvimento, era um passaporte sem volta para o futuro, para algo novo e sem precedentes na empresa até aquele momento.

Quando colocamos o robô para rodar e ele começou a executar passo a passo, foi impossível esconder o sorriso. Aquele frio na barriga foi dando lugar a uma alegria, a uma satisfação imensa, uma sensação de dever cumprido e de que cada minuto, cada dificuldade, cada obstáculo, e mesmo cada troca sadia, tinha valido a pena!

Ver o robô executando, sem parar, por mais de três horas ininterruptas, foi surpreendente! Claro que ocorreram alguns erros, e isso é normal em qualquer *go live*, mas logramos êxito em nossa primeira missão.

Isso foi combustível para continuarmos avançando com as outras automações previstas. E aqui faço um adendo: o combustível não foi só para mim, João Calíope, ou para o Maurício, que fez o desenvolvimento; foi para todo o time que abraçou a causa, entendeu as dificuldades e os benefícios, e uniu esforços em prol de uma solução.

Durante o desenvolvimento do projeto de automação muitas coisas aconteceram. Entre elas, houve a troca de consultores. No final do projeto haviam passado quatro consultores diferentes para nos apoiar nos desenvolvimentos. Hoje, narrando esse episódio, vejo o lado bom dessas substituições. Poder trocar experiências com pessoas diferentes também foi fundamental para criar uma visão sobre os profissionais da área de tecnologia: são pessoas muito focadas na entrega. Um fato que achei curioso é que, apesar da ciência da computação ser uma matéria exata, a lógica de programação e a construção de soluções de automação em si são totalmente humanas. A consultoria atuou conosco entre junho de 2019 e fevereiro de 2020. Durante esse período, além da entrega dos projetos, adquirimos habilidades importantes para continuarmos tocando a iniciativa de RPA.

Chamo de "iniciativa de RPA" porque, até aquele momento, só havia uma pessoa liderando toda a iniciativa, tendo contato com as áreas de negócio e o desenvolvimento dos robôs. Até aquele momento não havia nada formal: um centro de custo, um cargo, equipe nada! Mas isso, naquele momento, não era uma preocupação. Estávamos com um sentimento coletivo muito bom de apoio e parceria entre todos os departamentos que estavam participando desse movimento de automação e melhoria de processos, ainda que em uma fase embrionária.

4.3.6. E os desenvolvimentos continuaram...

Após o término do contrato com a consultoria, continuei mais alguns meses conduzindo sozinho os trabalhos iniciados: tínhamos vários projetos em produção e aos poucos fui desenvolvendo outros robôs, de acordo com as demandas das áreas e o tempo disponível.

Nos meses subsequentes, os dias foram ficando cada vez mais intensos: a rotina de sustentação dos processos colocados em produção, a manutenção necessária para o bom funcionamento dos robôs, as execuções diárias, mensais, semanais, ou em rotinas de fechamento, o contato com as áreas e o desenvolvimento de novos robôs – tudo isso tomava muito tempo. Sabíamos que esse momento chegaria, e que isso fazia parte do nosso plano de crescimento. Como esperado, foi necessário contratarmos nosso primeiro recurso!

4.3.7. *Automation intelligence*: a criação de um departamento

A chegada de um recurso para nos ajudar com o processo de automação, além de indicar que estávamos crescendo e sendo relevantes para a companhia, mostrava que tínhamos ainda muito a contribuir. Como era uma área nova, não existia um centro de custo previsto, ou mesmo algo semelhante em outra base de operação da empresa. Com isso, era necessário criar um departamento.

E agora? Que nome usar?

Lembro que naquela ocasião pesquisei em diversos lugares para ver como chamavam essa área nas outras empresas. O curioso é que não achei um nome padrão, como tesouraria, faturamento, contabilidade, que são departamentos comuns que existem em diversas empresas.

Por acreditar que um nome forte gera identidade e conexão, buscamos algo para sintetizar todas as atribuições dessa nova área. Por entender que nosso papel dentro da companhia não era somente "automatizar" coisas, decidimos nomear a nova área de ***automation intelligence***.

A escolha do nome, que traduzido para o português seria "inteligência de automação", não era algo prepotente, por nos acharmos superiores ou mais inteligentes. Queríamos chamar a atenção para o fato de que é necessário entender, conhecer e melhorar o processo, e não simplesmente automatizar ou mimetizar o que uma pessoa faz.

A oficialização de um departamento que ajudei a criar foi, e ainda é, motivo de grande orgulho e motivação para continuar essa jornada que transforma trabalhos e muda a vida das pessoas. Ali fincamos uma bandeira, sinalizando que humanos e robôs podem, e devem, por necessidade operacional, trabalhar em conjunto para terem eficiência, tornando as empresas mais produtivas e os humanos mais humanos.

4.3.8. A segunda onda

Na primeira onda tivemos como atividade principal a implementação da estrutura para darmos início às operações de RPA. Com ela, além do aprendizado exponencial, fizemos a entrega dos dez primeiros robôs.

A chegada de mais uma pessoa ao time nos permitiu uma organização melhor, além da distribuição das tarefas, tais como o monitoramento das execuções diárias, a manutenção dos robôs e um melhor atendimento às áreas do CSC para novos projetos. Como éramos uma equipe reduzida, tínhamos de ser polivalentes e atuar nas diversas frentes de RPA: entrevista com a área de negócios, levantamento de requisitos, desenvolvimento, testes, produção assistida, produção, manutenção e sustentação.

Em junho de 2021 já tínhamos cerca de 30 processos em produção, mas nenhum possuía documentação. Um ponto positivo em ter pessoas diferentes na equipe é a troca de experiências. Como sugestão do novo integrante, iniciamos um processo para documentar minimamente todos os processos que tínhamos até aquele momento. Fizemos então o PDD (*Process Definition Document*) de todos os processos.

Passados alguns meses, esse colega saiu da empresa e no seu lugar contratamos um novo recurso, que viria a ser, até o momento, um dos pilares que temos em nossa operação. Com ele, continuamos o plano de desenvolvimento, finalizamos a documentação dos processos e tivemos que enfrentar nosso primeiro desafio juntos: a migração de versão!

4.3.9. Automation Anywhere: migração da versão V.11 para A360

Na Automation Anywhere operávamos com uma versão *desktop* chamada V.11. Fomos comunicados que eles iriam mudar em pouco tempo para a versão *cloud*, chamada A360. Em julho de 2021 planejamos a migração de 36 processos, contendo mais de 130 robôs. A migração duraria cerca de dois meses e foi desafiadora: ela precisava ser estratégica porque tínhamos robôs rodando diariamente, semanalmente e mensalmente em períodos de fechamento contábil, e a operação não podia parar por conta da migração. Apesar de haver um integrador na Automation Anywhere que fazia a codificação de uma versão para a outra, era necessário ajustar um clique ou outro, mudar alguma variável e, principalmente, testar se aquele robô funcionava de forma resiliente na nova versão.

Para aumentar o grau de dificuldade, nossa área de TI global, simultaneamente, fez a mudança de todos os servidores físicos para a nuvem. Com isso, passamos a utilizar os diretórios via Sharepoint (Microsoft OneDrive). Tivemos diversos problemas porque a sincronização das pastas não era instantânea. Além disso, todos os caminhos para as pastas às quais os robôs estavam parametrizados tiveram de ser identificados e substituídos.

Passada a migração, estávamos mais robustos como CoE, pois, além da revisão de todas as aplicações que tínhamos, aprendemos a utilizar a nova versão A360 da Automation Anywhere, que, por mais parecida que fosse com a versão anterior, tinha suas particularidades. Com isso, obtivemos um enorme aprendizado, como organização, resiliência e trabalho em equipe.

4.3.10. A terceira onda

RPA se consolidava cada vez mais como um braço da operação no CSC e, como costumo dizer, nos tornamos o *backoffice* do *backoffice*.

Mesmo com tudo acontecendo ao mesmo tempo – migração de versão, testes, desenvolvimentos, execuções –, o nosso dia a dia com as áreas continuava acelerado. As demandas por automação eram frequentes. Porém, com o passar dos meses, percebemos que muitos casos que chegavam até nós eram urgentes ou se tratava de processos com certo grau de dificuldade para automação, visto que os processos não estavam maduros o suficiente para ser automatizados.

Após uma reflexão profunda sobre como operávamos o CoE RPA em termos de novos processos para ingresso em um *backlog* de desenvolvimento, identificamos que o time do CSC havia praticamente dobrado de tamanho e muitas das pessoas que viram a RPA crescer dentro da empresa não estavam mais no time. As pessoas novas apenas sabiam que o robô "fazia tal coisa", mas até então não tinham recebido de forma didática uma explicação de como era a operação do robô e, principalmente, o que ele poderia fazer. Para nós que estamos à frente das iniciativas de RPA é simples, mas para alguém que nunca viu nada parecido aquilo poderia ser um "bicho de sete cabeças".

Outro ponto importante que identificamos é que a iniciativa de RPA, que havia começado há cerca de três anos, precisava de uma nova estratégia para que pudesse ser holística, longeva e de fato fosse uma solução para a operação, não simplesmente um "robô bombeiro" que soluciona pontualmente os problemas, mas não trata suas causas. Com isso em mente, em janeiro de 2022 propusemos um plano ousado e desafiador: apresentar a RPA para todos os colegas do CSC.

Levamos essa proposta para o nosso *controller*, que nos deu total apoio. Em conjunto, criamos a estratégia de abordagem com os times e chamamos essa iniciativa de projeto "*Booster* RPA".

4.3.11. *Process Discovery*: o plano do projeto "*Booster* RPA"

Fizemos uma reunião de apresentação do plano para todas as lideranças. Nossa ideia não era somente apresentar a RPA, suas funcionalidades e casos de uso dentro do CSC. A grande intenção era buscar ideias de melhoria para os processos de cada área do ponto de vista de quem de fato aperta os botões.

Iríamos anotar todas as iniciativas que surgissem durante as reuniões, fossem elas sobre processos, melhorias de sistema, fluxos de operação, automação de processos ou qualquer outra coisa. Nossa única premissa com as lideranças era essa: elas não participariam das reuniões com a equipe.

Este pedido foi justamente para buscar extrair o máximo de informações dos times sem constrangimento ou pressão, tornando as conversas leves, amigáveis e francas. Afinal de contas, acreditávamos que aquilo não era só uma forma de elencar processos e colocá-los em um *backlog* para desenvolvimento; era sobretudo uma excelente oportunidade de fazer os times repensarem os processos das áreas.

Seguindo o plano, fizemos uma reunião geral com todos os times e utilizamos a mesma apresentação feita para as lideranças. Nosso intuito era nivelar o conhecimento sobre RPA entre todos. A proposta com eles seria um pouco diferente: faríamos duas reuniões de trabalho com cada equipe e nelas anotaríamos, de forma estruturada, todas as ideias que surgissem, a fim de criar um grande repositório de iniciativas e com ele trabalhar todas as melhorias propostas pelos times. Marcamos as reuniões com os times e iniciamos o trabalho. Ao longo de quase dois meses fizemos 22 reuniões, somando mais de 60 horas de escuta ativa.

Confesso que foi um tempo muito rico ouvir os times. Foi também uma grande oportunidade para motivar e plantar uma semente de mudança em cada um dos presentes. Ter esse contato foi muito bom para conectar os times e mostrar que eles poderiam ser protagonistas e agentes de mudança na empresa, e que, se nada fosse feito, os anos passariam e tudo continuaria da mesma forma.

Tivemos discussões riquíssimas e casos resolvidos rapidamente na própria reunião, apenas porque propiciarmos um ambiente diferente do qual eles estavam imersos. Afinal, entre fazer a entrega e trabalhar na melhoria do processo, as pessoas sempre optam por entregar e não mexer no que já funciona.

Após a coleta das informações durante as reuniões, voltamos com as lideranças para mostrar-lhes os resultados do que cada time havia sugerido como melhoria, a fim de verificar com eles o que seria prioridade para desenvolvimento e quais seriam os próximos passos em cada área.

Como parte da estratégia, a coleta das informações nos trouxe uma visão holística dos processos, dando maior clareza sobre o que poderia ser prioridade ou oportunidade, visto que muitos dos processos no CSC são interdepartamentais, ou seja, o produto de um está diretamente ligado ao resultado do outro. Além disso, identificamos processos correlatos que poderiam ser absorvidos por um robô, eliminando o trabalho em duas áreas. Como exemplo, cito aqui um processo que era feito pelos times de tesouraria e contabilidade: com a melhoria, o robô faria toda a execução, eliminando o trabalho de ambos e passando apenas para a conferência da tesouraria.

4.4. Resultado

O projeto "*Booster* RPA" foi importante para conectar todos os departamentos e trazer aos times uma nova visão sobre a forma de trabalho, mostrando como robôs e pessoas podem trabalhar em conjunto, trazendo eficiência operacional e otimização dos recursos.

Após a compilação dos dados tivemos 118 itens sugeridos pelos times:

✓ 16 estavam ligados a melhorias de processos.

✓ 13 estavam ligados a melhorias no ERP.
✓ 88 iniciativas estavam ligadas a desenvolvimentos RPA.

As iniciativas de melhorias de processos foram tratadas pelas áreas; aquelas ligadas ao ERP os próprios times abriram chamadas. As 88 iniciativas ligadas ao RPA foram incluídas em um *backlog* de desenvolvimento.

Diante da quantidade de projetos a serem desenvolvidos, alcançamos mais um marco: efetuamos a contratação de mais três desenvolvedores para nos apoiar na entrega das soluções propostas.

Até o momento em que escrevo este capítulo, entregamos **26 projetos** do *backlog*, para os quais estimamos que foram liberadas mais de **300 horas** de trabalho, o que equivale a cerca de **2 FTE**s (*Full-Time Equivalent*).

4.5. Lições aprendidas

A implementação do CoE de RPA foi, sem dúvida, o projeto mais desafiador que tive, até o momento, na minha carreira profissional. O que no início era apenas uma aposta tomou forma e agora é realidade.

A área de *automation intelligence* hoje está consolidada como um dos pilares fundamentais para a continuidade das operações do CSC. Possui papéis e responsabilidades e, principalmente, sinergia com as demais áreas.

A jornada nos trouxe muitos aprendizados, os quais serviram para guiar nossos passos até aqui e são a base para continuarmos esse trabalho.

Liderança não é imposição, é exemplo! Ser líder não é impor suas vontades ou caprichos, mas, sobretudo, entender os objetivos do projeto (ou da empresa) e usar da melhor forma os recursos disponíveis para alcançá-los.

Envolva as pessoas, elas querem fazer parte do processo. Quando as pessoas entendem que sua opinião é valorizada o jogo muda! Nos inúmeros projetos que entregamos pudemos experimentar como o trabalho colaborativo é gratificante. Colocar os times para trabalhar em conjunto, fazer um acompanhamento durante o desenvolvimento, mostrando os entregáveis, tirando dúvidas, e na hora de colocar em produção estar com todos juntos, atentos às execuções, faz toda a diferença.

Vibrar com cada conquista motiva o engajamento do time e aumenta a sensação de pertencimento individual. Não deixe de comemorar os pequenos avanços!

Aprenda a fazer as perguntas certas, elas o levarão chegar no próximo nível. O óbvio deve ser questionado porque só assim mudaremos o *status quo* dos processos.

Aprendizado contínuo é necessário para o processo evolutivo. Não pare de estudar e de buscar novos caminhos. Pesquise temas que fazem sentido para o problema/solução que está enfrentando. Quanto mais ferramentas na caixa, mais opções teremos!

Contate pessoas que agregam valor. Entre em contato com pessoas que você acredita que podem acrescentar algo. Hoje, com as diversas mídias sociais, temos a oportunidade de trocar experiências de forma simples. Aproveite para fazer *benchmarking*! Uma ideia pode mudar completamente seu negócio.

Resiliência é a palavra da moda, mas é chave quando falamos em desenvolvimento de melhorias. Mesmo que ocorram falhas no percurso, tenha sempre seu objetivo em mente. Errar faz parte do aprendizado. Inúmeros cientistas tentaram milhares de vezes até encontrarem uma solução. Não desista!

Entender o processo de ponta a ponta faz diferença na hora de desenvolver qualquer solução RPA. Há projetos em que a área de negócios nos mostra somente a parte repetitiva e transacional, imaginando que podemos ajudá-los com um robô naquele "corte" de processo. Porém, quando entendemos o processo como um todo, podemos propor soluções e melhorias para toda a esteira produtiva.

Ainda sobre a importância de entender o processo, recordo que tivemos uma situação que demonstra claramente isso. Uma área nos propôs apenas o envio de e-mail para comunicar uma situação específica, e esse envio era o final do processo. Quando mapeamos o processo como um todo, dividimos em oito partes feitas pelos analistas. Dessas, somente duas de fato eram relevantes para o processo e deviam ser feitas pelos analistas da área. Para as demais partes do processo, duas poderiam ser feitas por outra área e as outras quatro partes restantes foram diagnosticadas por nós como melhoria e correção do sistema utilizado.

RPA não resolve tudo! Por estarmos imersos no mundo de RPA, sabemos o potencial da ferramenta e como ela pode solucionar os problemas das áreas de negócio. Porém, temos casos em que apenas uma integração entre sistemas, ou uma melhoria no ERP, resolveria o problema. Por esse motivo, sempre que possível opte pela melhoria do sistema. Isso trará benefícios no longo prazo.

Acredite no seu sonho! Pode parecer clichê, mas não posso deixar de repetir essa frase. Se algo faz sentido para a sua profissão ou na vida pessoal, siga em frente! Seja um novo relacionamento, a mudança de emprego, mudar de cidade, iniciar um curso, começar um empreendimento, fazer uma transição de carreira, siga adiante e não deixe de acreditar.

Gratidão a todos os colegas do CSC pela colaboração, pela parceria e pelo trabalho incrível que fizemos em conjunto. Sem vosso apoio seria impossível construir tudo o que fizemos ao longo dessa jornada. Um agradecimento especial à liderança do CSC, que acreditou no potencial do time e deu todas as ferramentas, suporte e apoio necessários para que pudéssemos desenvolver esse trabalho grandioso. Continuaremos trilhando essa jornada e juntos ainda faremos muito mais coisas incríveis.

5. Implementação de um CoE RPA: estudo de caso de uma distribuidora de medicamentos

Marcio Benedito de Souza

5.1. Contexto

Para estabelecer uma governança sólida para o programa de automação, é quase que fundamental identificar controles e ferramentas essenciais. No entanto, muitas empresas têm pressa em iniciar suas iniciativas de automação, e é comum que os CoEs sejam instituídos após as primeiras entregas de automação. O ponto-chave aqui não é quando começar, mas como começar, já que muitas vezes a consciência da necessidade de um CoE surge apenas depois que a jornada de automação já está em andamento. Quando falamos da implementação dos CoEs para automação, eles se baseiam em três pilares fundamentais: monitoramento, suporte e orquestração, cada um com características específicas.

- ✓ **Monitoramento** em tempo real do desempenho dos robôs em execução. Coleta, armazenamento e análise de *logs* das atividades de execução das automações.
- ✓ **Suporte** para resolução de problemas técnicos e falhas das automações, a fim de garantir que a operação não seja interrompida. Com isso, é possível identificar oportunidades de melhorias das automações ou infraestrutura do parque de robôs.
- ✓ **Orquestração** dos robôs garantem que haja melhor aproveitamento e otimização da disponibilidade das licenças. A orquestração definirá através de critérios de prioridades quais automações devem ser executadas primeiro, considerando pontos como urgência, impacto nos negócios e complexidade.

Com base nos pilares, decompomos critérios e níveis para cada um deles. Ou seja, a variabilidade depende consistentemente do objetivo de cada empresa.

Neste capítulo apresentarei a jornada de uma empresa de logística especializada em produtos farmacêuticos que decidiu, após as primeiras implementações de automações, medir seu nível de maturidade e estabelecer como nível fundamental um CoE

Operacional. O CoE Operacional determina controles fundamentais, monitoramento e análise do desempenho dos robôs. A empresa conseguiu mensurar os projetos, implementando gestão de reúso de códigos desenvolvidos, plano de manutenção preventiva e fluxo de melhoria das automações.

Por fim, o *case* trará uma visão de controle que apoia a gestão de mudanças (GMUD) e os impactos nas automações quando há alterações em sistemas relacionados às automações.

5.2. Desafio

Nos anos de 2021 e 2022 o setor farmacêutico sofreu uma grande pressão, principalmente pela falta sistêmica de produtos, o que impactou no volume de vendas. A inflação trouxe pressão de custos, as indústrias operaram com margens já apertadas e o aumento de juros impactou diretamente nos fluxos de caixa. Por outro lado, os grandes varejos farmacêuticos mantiveram o crescimento na casa de dois dígitos nos três primeiros trimestres de 2022. As 26 empresas que integram a Abrafarma (Associação Brasileira das Redes de Farmácias e Drogarias) obtiveram faturamento de R$ 58,85 bilhões no período, uma evolução de 17,4% em relação ao intervalo de janeiro a setembro de 2021[1].

Segundo a EMS, um dos maiores laboratórios farmacêuticos do Brasil, a empresa investirá R$120 milhões em transformação digital. "O departamento de TI é uma área vital para o futuro dos negócios", reforça o vice-presidente da EMS, Marcus Sanches.

Estudo realizado pela consultoria EY revela um aumento impressionante no setor farmacêutico, com um crescimento de 18% no primeiro trimestre de 2023 em comparação com 2022[2]. Além disso, a consultoria IQVIA projeta um crescimento de até 10,5% para o varejo farmacêutico em 2023. Esses números destacam uma oportunidade significativa no mercado farmacêutico.[3]

---

[1] SINDUSFARMA. **Anuário Farmacêutico 2023:** indústrias, distribuidoras, redes de farmácias e empresas de serviços. Contento, 2023. Disponível em: <https://sindusfarma.org.br/uploads/files/229d-gerson-almeida/Publicacoes_PPTs/ANUARIO_FARMACEUTICO_2023.pdf>. Acesso em: 01 jul. 2024.

[2] AMORIM, A. Desafios e oportunidades de tecnologia no setor farmacêutico . **Digitizeme**, 12 dez. 2023. Disponível em: <https://www.digitizeme.blog/desafios-e-oportunidades-de-tecnologia-no-setor-farmac%C3%AAutico>. Acesso em: 01 jul. 2024.

[3] REIS, F. Setor farmacêutico registra crescimento e mantém projeções positivas para 2023. **Pfarma**, 26 maio 2023. Disponível em: <https://pfarma.com.br/blog/8419-setorf-farmaceutico-crescimento-2023.html>. Acesso em: 101 jul. 2024.

Com os investimentos, resultados do setor e posicionamento do mercado, os investimentos tecnológicos auxiliam na aceleração dos negócios, na estratégia e nos resultados obtidos no setor.

A empresa do caso optou por investir em um software referência para automatizar seus processos transacionais, de alto volume e alto impacto, para trazer resultados estratégicos para a companhia. Depois que a experiência trouxe resultado com as primeiras automações, foi necessário estabelecer condições para manter tudo em funcionamento e sob controle. Nesse momento foi instituída a estratégia de implementar um CoE voltado à automação de processos (RPA).

Nos anos de 2021/2022 haviam sido implementadas oito automações exclusivamente na área financeira. Porém, como estratégia do *assessment* da solução de automação, os ganhos estavam principalmente pautados em redução do tempo do processo manual.

Em sua maioria, os processos traziam ganhos de mais de 75% do tempo em relação à execução manual, com economias superiores a 80 mil horas/ano. Mas de alguma forma o real valor ainda não estava sendo evidenciado nas áreas de negócio. Isso, alinhado a novas expectativas, contribuiu para inúmeras frustrações na tentativa de justificar novas automações pautadas apenas em redução de FTE (sigla em inglês para *Full-Time Equivalent*). Como sabemos, algumas automações poderiam ser justificadas com outros ganhos além do FTE.

5.3. Plano

CoE Maturity Self-Assessment RPA: o recurso do *self-assessment* é quando a gestão responsável, juntamente com sua equipe, analisa, com base em critérios, qual é o nível de maturidade. Inicialmente, é recomendado que um consultor CoE explique as etapas do *self-assessment RPA*. Então, após algumas horas de esforço é possível apresentar o diagnóstico do estado atual.

No estudo do *self-assessment*, chegou-se a um nível de maturidade que correspondia a um CoE em fase inicial, chamado de "fase de aprendizagem". O resultado coincidia com a expectativa e a experiência do grupo envolvido. Até o momento o que se sabia é que havia iniciativas pontuais de estabelecer um modelo de operação RPA.

Para o estado futuro, quando existe uma análise de expectativa, considerando os *gaps*, pontos de controle e homologação das fases, definem-se ciclos semestrais pautados em entregas e métricas que permitam atestar a evolução das implementações.

A empresa, até então, possuía a expectativa de sair de um modelo localizado para um modelo que fosse possível gerir o atual grupo de automações. Então o primeiro ponto foi criar uma lista de ações. Separamos essa lista em quatro grandes marcos:

- ✓ **Implementação do Azure DevOps:** a introdução da plataforma Azure DevOps na empresa trouxe benefícios práticos mensuráveis. Por exemplo, tornou-se possível acompanhar as atividades dos projetos de desenvolvimento de software de maneira mais eficiente, identificando gargalos e pontos de melhoria em tempo real. Isso permitiu à organização tomar ações imediatas para otimizar a produtividade da equipe. Com os apontamentos sendo realizados diretamente na ferramenta, o controle tornou-se mais preciso, pois ficou mais fácil atribuir e acompanhar o progresso de cada membro da equipe. Isso otimizou o uso dos recursos envolvidos, evitando sobrecargas e garantindo que os projetos fossem concluídos dentro do prazo.
- ✓ **Políticas de versionamento:** implementou-se uma governança sólida para o versionamento dos códigos, o que teve impactos significativos na qualidade e na eficiência do desenvolvimento. Por exemplo, introduziu-se um processo de revisão de código, envolvendo uma análise cuidadosa por parte dos envolvidos. Isso resultou na identificação mais rápida de erros e na correção de problemas de qualidade.
- ✓ **Política de boas práticas de desenvolvimento RPA:** implementar uma política de boas práticas de desenvolvimento para automações de processos pode gerar resultados mensuráveis. Por exemplo, ao definir um guia de boas práticas, estabelecemos diretrizes claras para o desenvolvimento de automações, como a padronização de nomenclatura de variáveis, a estruturação consistente de fluxos de trabalho e a documentação abrangente de processos automatizados. Além disso, a adoção de *frameworks* e técnicas de desenvolvimento específicas aumentarão a eficiência e a reusabilidade das automações. Outra questão foi a criação de bibliotecas de automação reutilizáveis, que pode acelerar o desenvolvimento de novos *bots*, economizando tempo e recursos. Ao combinar essas boas práticas com um sistema de versionamento sólido, como o Azure DevOps, foi possível criar o rastreio e o gerenciamento de todas as alterações feitas nas automações.
- ✓ **Governança e indicadores:** a implementação de uma governança sólida é um passo crucial no nosso caminho de automação. Isso envolveu a integração do banco de dados do Azure DevOps com o Microsoft Power BI, permitindo a criação de painéis de gerenciamento e acompanhamento abrangentes para nossos projetos de automação. Com isso, estabelecemos políticas concretas de contingenciamento para as automações, garantindo que elas funcionassem

de forma confiável e estivessem em conformidade com os requisitos regulatórios. Exemplos de indicadores estabelecidos na governança: taxa de erro das automações; eficiência dos recursos; disponibilidade das licenças; taxa de falha por tipo (categoria).

5.4. Resultado

A implementação das ações foi coordenada pela área de tecnologia das informações, responsável pelo diagnóstico, pelo controle e pela apuração dos resultados esperados durante a implementação do CoE RPA.

Anteriormente, os projetos eram controlados por inúmeros arquivos e descentralizados entre as etapas do processo. Após a implementação da governança utilizando a ferramenta Azure Boards, foi possível gerir as evoluções dos projetos. Utilizando os recursos de *Kanban* e gráficos *burndown*, as equipes passaram a ter uma clara visão do trabalho em andamento, fazendo acompanhamento do progresso de maneira eficiente. Dentre os principais ganhos a curto prazo, visto que o programa fora concluído em quatro meses, trago alguns dos resultados:

- ✓ **Aumento de eficiência e produtividade:** houve uma clara melhora de eficiência no processo de desenvolvimento com distribuição de tarefas, controle dos projetos e reúso de soluções. A produtividade também aumentou com a redução do tempo de desenvolvimento e a distribuição adequada das alocações, otimizando as partes reaproveitadas, o controle de *bugs* centralizados na ferramenta, o registro de suporte e a manutenção das automações. Antes havia um valor subjetivo de expectativa, porém com os controles foi evidente que houve um incremento qualitativo e quantitativo na performance das equipes e nos resultados esperados com a implementação do CoE operacional na organização.
- ✓ **Controles e monitoramento:** a implementação do controle de versionamento de códigos trouxe benefícios para a rastreabilidade das alterações realizadas ao longo do ciclo de vida da automação, pois criou-se uma ficha histórica para os robôs. Além disso, a governança de versionamento permitiu uma redução nas reversões de alterações sem controle, aliviando a carga sobre a equipe de sustentação e suporte. Principais ganhos: criação de um ambiente colaborativo, promovendo uma distribuição coordenada dos esforços, transparência e visibilidade do que estava concluído, em construção ou em sustentação.
- ✓ **Padronização:** havia uma baixa qualidade na padronização do tipo do código e como estava sendo feita a reutilização das tarefas comuns criadas. Após a

implementação de boas práticas, o time foi capacitado sobre como deveria ser o uso do *framework* de desenvolvimento. Foi instituído o CodeReview para criar automações mais robustas, confiáveis e fáceis de manutenção. Principais ganhos: redução do tempo de manutenção; melhor qualidade dos códigos; padronização das diretrizes de melhores práticas; e compartilhamento de conhecimento.

✓ **Consolidação:** no período de consolidação do plano, a principal entrega do CoE Operacional foi uma visão estratégica do projeto, através de um painel desenvolvido em Power BI (Microsoft), que, integrado com a ferramenta Azure Boards, possibilitou o acompanhamento dos projetos, a análise de ocupação, o monitoramento do índice de performance dos times e a gestão do fluxo de demanda da equipe. Principais ganhos: visão do *dashboard* dos projetos; controle do *backlog*; ordenação dos times; visão estratégica; indicador de ocupação; antecipação da tomada de decisão; e padronização das informações.

6. Modelo arquitetural de RPA *data-driven*

Thiago Cabral de Souza
Eduarda Carla da Silva
Phellipe de Freitas Braga

6.1. Contexto

Com o propósito de transformar o Brasil pela educação, a Ânima é o maior e o mais inovador ecossistema de ensino de qualidade do país, com um portfólio de marcas valiosas. É um dos principais *players* de educação continuada na área médica.

A companhia, fundada em 2003 por Daniel Faccini Castanho, Maurício Nogueira Escobar e Marcelo Battistella Bueno, iniciou com a aquisição do Centro Universitário Una, em Belo Horizonte.

Nos anos seguintes, a Ânima Educação passou por um rápido processo de expansão, integrando ao portfólio diversas instituições de ensino do Brasil. As aquisições estratégicas ajudaram a companhia a aumentar sua presença nacional e a diversificar sua oferta de cursos. Atualmente, a companhia é composta por cerca de 410 mil estudantes, distribuídos em 18 instituições de ensino superior e em mais de 700 polos educacionais por todo o Brasil. Integradas também ao Ecossistema Ânima estão marcas especialistas em suas áreas de atuação, como HSM, HSM University, EBRADI (Escola Brasileira de Direito), Le Cordon Bleu (SP), SingularityU Brazil, Inspirali e Learning Village, primeiro *hub* de inovação e educação da América Latina, além do Instituto Ânima.

Desde 2013 a companhia está na Bolsa de Valores, no segmento de Novo Mercado, considerado o de mais elevado grau de governança corporativa.

Na Ânima Educação, a atuação é firmemente pautada por nossa visão, missão e valores, que juntos moldam a jornada em direção a um impacto positivo na educação e na sociedade.

- ✓ **Visão:** transformar o país pela educação, sendo referência em práticas inovadoras de aprendizagem e gestão, respeitando a pluralidade, a valorização das pessoas e o compromisso com o desenvolvimento sustentável.
- ✓ **Missão:** construir uma sólida rede nacional de instituições de ensino, fundamentada na meritocracia, comprometida com a qualidade, a inovação e a avaliação do processo de aprendizagem, integrada à cultura regional.
- ✓ **Valores:** comprometimento, cooperação, reconhecimento, respeito, transparência e inovação.

Nenhuma jornada é feita sozinha, e para a construção de uma rede de ensino integrada por todo o país parcerias são criadas. Essas parcerias visam tanto a acessibilidade do aluno ao ensino superior quanto o melhor atendimento e bem-estar. Entre os parceiros da companhia está o Pravaler, que possibilita melhores ofertas e condições de pagamento aos estudantes através de um financiamento estudantil com excelentes condições.

6.2. Abrangência

Neste capítulo, exploraremos um caso de Automação de Processos Robóticos (RPA) vivenciado pela Ânima Educação. A Ânima Educação possui uma operação complexa que atua com mais de 50 robôs em diversos aspectos, abrangendo gestão e capacitação de equipe.

A estrutura organizacional da Ânima Educação é dividida por vice-presidências, e uma delas desempenha um papel crucial na jornada de transformação digital da empresa: a Vice-Presidência de Transformação Digital. Essa área é formada por cerca de 300 educadores distribuídos em áreas estratégicas, cada uma com sua responsabilidade específica.

Além disso, com base na experiência dos autores em outras organizações, destacam-se duas características notáveis nos robôs implementados pela Ânima Educação:

- ✓ **Alto volume de transações:** os robôs da Ânima Educação processam um volume impressionante de transações, chegando a centenas de milhares. Essa escalabilidade é uma resposta direta à magnitude do público-alvo da empresa, composto por muitos alunos.
- ✓ **Integração avançada:** em contraste com muitas implementações de RPA que dependem de planilhas, os robôs da Ânima Educação estão profundamente

integrados com *data lakes* e bancos de dados relacionais. Essa escolha reflete a solidez da estrutura de dados da empresa, que engloba equipes especializadas em integração de dados, engenharia de dados, ciência de dados e automação.

Dado que a integração dos robôs com múltiplos bancos de dados é uma necessidade crítica, a equipe de RPA da Ânima Educação encontra-se estrategicamente sob a alçada da Diretoria de Dados e Automação. Essa decisão estratégica permite uma colaboração eficaz entre as equipes de RPA e as especializadas em integração de dados, engenharia de dados, ciência de dados e automação. Juntas, elas desempenham um papel essencial na otimização da automação da Ânima Educação, contribuindo significativamente para o sucesso de suas iniciativas de transformação digital.

6.2.1. A Importância dos dados na automação

A Automatização Robótica de Processos (RPA) é impulsionada por dados, com ênfase nas fontes, como *data lakes* (repositório altamente escalável projetado para armazenar grande volume de dados), que fornecem informações estruturadas e volumosas e desempenham um papel fundamental na otimização das operações e na tomada de decisões criteriosas para RPA. Além disso, os dados gerados pelos robôs são armazenados em SQL Server, de uso interno da automação, que também está conectado aos *data lakes*.

Por outro lado, a utilização convencional de planilhas frequentemente possui limitações ao lidar com grandes volumes de dados e assegurar precisão. Nesse cenário, a RPA sobressai, sendo projetada para manipular dados em larga escala, mantendo padrões elevados de qualidade.

6.2.2. Estrutura de dados da automação

A ferramenta utilizada para a robotização dos processos tem sido o UiPath, que, além de fornecer um desenvolvimento amigável, também provê uma estrutura completa que auxilia na orquestração de robôs, em *discoveries*, documentações e acesso de execução aos *key users* dos processos. Porém, apesar da robustez do UiPath, a necessidade de *logs* mais detalhados e de extrair informações específicas sobre execuções e processos fez com que adotássemos uma estrutura independente do orquestrador de banco de dados relacionais: o SQL Server.

6.2.2.1. Reformulação arquitetural – *Dispatcher* e *Performer*

A arquitetura *Dispatcher* e *Performer* é comum no design de sistemas de automação RPA, que ajuda a dividir e gerenciar tarefas de forma eficiente em um processo automatizado. Essa estrutura é frequentemente usada para automatizar tarefas que envolvem processamento em lote, onde muitos itens de dados precisam ser processados em paralelo.

Arquitetura *Dispatcher* e *Performer* clássica:

1. ***Dispatcher***:
   - ✓ O *Dispatcher* é a primeira parte do sistema RPA e é responsável por identificar, extrair e distribuir as tarefas a serem automatizadas. Atua como o ponto de entrada dos dados para o processo de automação, normalmente coletando informações em lote. O *Dispatcher* é programado para buscar dados e enviá-los ao próximo estágio, que é o *Performer*.
   - ✓ Possibilita a aplicação de lógica de negócios para priorizar tarefas ou direcioná-las a diferentes *Performers* com base em critérios específicos. Também auxilia em exceções ou erros iniciais na coleta de dados e encaminha tarefas para resolução manual, se necessário.

2. ***Performer***:
   - ✓ O *Performer* é a parte do sistema RPA que executa efetivamente as tarefas automatizadas. Ele recebe as tarefas atribuídas pelo *Dispatcher* e as processa de acordo com as instruções programadas.
   - ✓ O *Performer* interage com aplicativos e sistemas externos da mesma forma que um usuário humano faria.
   - ✓ O *Performer* é projetado para ser escalável, o que significa que vários *Performers* podem ser usados para lidar com várias tarefas em paralelo, aumentando assim a eficiência do processo de automação.

Ao utilizar os bancos de dados relacionais independentes em conjunto com a ferramenta de RPA, foi possível expandir as ideias e melhorias arquiteturais relacionadas às automações.

***Dispatcher* & *Performer* Ânima:**
Ao utilizar os bancos de dados relacionais independentes em conjunto com a ferramenta de RPA, foi possível expandir as ideias e melhorias arquiteturais relacionadas às automações:

1 – ***Dispatcher* Ânima:**

✓ Realiza a aquisição de dados através de estruturas de *data lake* através de *query*, como Snowflake e Databricks. Pode também utilizar a aquisição de dados através de *views*, conexões no banco Oracle via UiPath, APIs e/ou DBLinks criados no banco de dados da equipe de automação.

✓ Os dados recebidos serão enviados ao SQL Server da automação, em vez de enviados a um item de fila, através de um *insert*, acrescentando colunas específicas de *logs*, como:

- **Data *Dispatcher*:** data completa de quando o *Dispatcher* criou a transação a ser processada pelo *Performer*.
- **Status:** pode assumir os status de "aguardando processamento", "concluído com sucesso", "business exception" ou "system exception".
- **Retorno RPA:** responsável por trazer tecnicamente os dados específicos de uma *system exception*.
- **Retorno negócio:** responsável por trazer o retorno tratado da *system exception*, de maneira que os *key users* possam compreender onde houve o erro e qual seria o direcionamento para resolvê-lo.
- **Data *Performer*:** data completa de quando o *Performer* executou a transação.
- **Tempo execução:** tempo gasto para que o *Performer* executasse a transação.
- **Máquina execução:** responsável por definir, através das regras de negócio, qual será a máquina que processará o item.

✓ *Business exceptions* identificadas via *procedures* em SQL Server, parametrizadas a partir do arquivo de configuração do robô.

2 – ***Performer* Ânima:**

✓ Executa as *transactions* disponíveis no banco de dados, através de *queries*.

✓ Cada *transaction* oriunda do banco de dados cria um item de fila no orquestrador. Com isso, *double checks* podem ser feitos em todas as *transactions*, melhorando a confiabilidade e permitindo utilizar os dados do orquestrador para auditoria, na granularidade desejada.

✓ Ao executar a *transaction*, o UiPath gerará tanto a conclusão do *queue item* no orquestrador quanto um *update* no banco de dados, nas colunas de Status, Retorno RPA, Retorno negócio, Data *Performer* – de tal forma que o item não seja processado novamente.

6.2.3. Utilização de banco de dados para cálculo de ROI

Calcular o ROI em uma área de RPA é fundamental para justificar e otimizar os investimentos. Com o aumento da quantidade de robôs, fez-se necessário criar uma estratégia para realizar o cálculo de maneira automática, gerando os *reports* necessários em tempo real. Para implementar tal estratégia, foi criado um processo para cálculo de ROI em tempo real, segmentado em uma análise prévia, utilizando ferramentas de *task mining* do UiPath e registro de execução dos robôs.

6.2.3.1. Parte 1 – Criação de uma base de cálculo para o processo

Quando uma demanda chega até a equipe, a etapa de *discovery* é iniciada. Essa etapa consiste em não somente mapear o comportamento do usuário, as regras de negócio e as ferramentas utilizadas, mas também mapear o ganho de processo que essa automação irá gerar, podendo tanto ser ganho quantitativo como a quantidade de horas gastas no processo, e consequentemente o valor economizado ao designar os colaboradores para outras tarefas. Pode também ser ganho qualitativo, como o bem-estar da equipe operacional do processo e a melhora na segurança, no *compliance* e na confiabilidade.

Para mensurar o *saving* do processo, utilizamos a ferramenta do UiPath denominada *Task Mining* com a seguinte metodologia:

1. São escolhidas pelo gestor da área três pessoas que executam o processo manual, de preferência com níveis de velocidade diferentes ou medianas, para efetuarmos uma medição fidedigna.
2. Cada uma dessas pessoas executa de cinco a dez casos, utilizando o *task mining*.
3. Os indicadores de "tempo médio", "cliques de mouse", "teclas pressionadas" e "entradas de texto" são retirados a partir das execuções unitárias.
4. A partir de uma conversa com o gestor da área, sem entrar em detalhes salariais dos envolvidos, é estimado um valor de hora médio para a companhia.
5. O valor do *saving* é calculado a partir da multiplicação do número de itens processados pelo tempo gasto em horas por cada item e pelo valor de custo médio da hora: **Saving = Nitens * tempoMédio * valorHora**.

6.2.3.2. Parte 2 – Utilização dos *logs* de banco de dados para calcular *real time saving*

O *Dispatcher* desempenha um papel fundamental em nossas operações, uma vez que ele é responsável por atualizar a coluna de tempo de execução na tabela do SQL Server dedicada a cada robô no momento em que o processamento é concluído. Essa atualização é crucial, pois ela forma a base para a execução de um *job* subsequente que calculará o *saving* (economia) gerado por cada robô ao final de cada dia. Essa informação é então registrada em uma tabela de *savings* também localizada no SQL Server.

No entanto, estamos constantemente buscando maneiras de melhorar nossos processos e relatórios. Um dos projetos futuros em que estamos trabalhando é o envio automático desses valores de *saving* para o SharePoint. Essa integração com o SharePoint nos permitirá compartilhar informações em tempo real, semelhante a um "impostômetro," mas focado em nosso progresso em economia e eficiência operacional. Essa iniciativa proporcionará maior transparência e alinhamento dentro da organização, bem como uma maneira mais eficaz de comunicar nosso sucesso na automação de processos e economia de recursos. Estamos entusiasmados com as perspectivas de aprimoramento contínuo e inovação em nossos fluxos de trabalho automatizados.

6.2.3.3. Melhoria da experiência do usuário de negócio

A área de automação da Ânima Educação tem como objetivo primordial promover a independência e o bem-estar dos usuários de negócios. Mesmo que os processos sejam automatizados por meio de robôs, é crucial reconhecer que a área solicitante continua sendo a principal responsável pelo processo. Nesse contexto, é fundamental que eles tenham a autonomia necessária para executar o processo e acessar os dados gerados por ele de maneira totalmente automática.

Essa abordagem não apenas beneficia os chamados *key users* ou usuários-chave, como também desempenha um papel essencial na assistência aos analistas e desenvolvedores de automação. Com um considerável número de cerca de 50 robôs em operação, a independência se torna imperativa para reduzir o tempo dedicado à sustentação. Sem essa autonomia, o tempo disponível simplesmente não seria suficiente para atender a todas as demandas.

É por essas razões que desenvolvemos modelos de robôs auxiliares, concebidos para serem facilmente implementados. Esses robôs são disponibilizados para a área de negócios dos processos por meio do orquestrador, e sua função principal é realizar a extração de relatórios diretamente do banco de dados de automação por meio de consultas (*queries*) e, em seguida, enviá-los por e-mail. Tudo isso é feito por meio de uma interface amigável e intuitiva. Dessa maneira, o usuário de negócio não precisa ter conhecimentos de programação para extrair os dados essenciais de seu processo. Isso simplifica a experiência do usuário e agiliza as operações da equipe de automação, permitindo que se concentrem em tarefas de maior valor agregado. Ao promover a independência e a acessibilidade dos dados, estamos constantemente aprimorando tanto a experiência do usuário quanto a eficiência de nossa equipe de automação.

6.3. Exemplo de automação I: automatização do processo de colação de grau

6.3.1. Objetivo

Nossa missão central é aprimorar a experiência dos estudantes em fase de formatura, reduzindo consideravelmente o tempo necessário para concluir o processo de graduação. Para atingir esse objetivo de maneira eficaz, desenvolvemos um sistema de automação que visa matricular os alunos na disciplina de colação de grau.

6.3.2. Desafios

- ✓ **Volume massivo de alunos:** necessidade de processar um impressionante volume de 410 mil alunos.
- ✓ **Elegibilidade dos alunos:** a complexa tarefa de determinar a elegibilidade dos alunos para a colação de grau envolve oito etapas de verificação em diversas áreas da ficha acadêmica de cada aluno.
- ✓ **Consultas repetidas:** há risco de reprocessar alunos que já haviam sido registrados anteriormente ao executar consultas repetidas no Snowflake.
- ✓ **Integração de dados:** necessidade de reunir informações de três diferentes fontes de dados: ensino presencial e híbrido, ensino EAD e planilha de alunos prioritários.

6.3.3. Solução

Para enfrentar os desafios mencionados, desenvolvemos uma solução que se baseia na gestão eficaz de dados por meio de estruturas de banco de dados. Isso nos permite realizar um tratamento completo na base de dados que será utilizada pelo robô.

1. **Estrutura de base de dados:**
   - ✓ Nesse processo, começamos com a extração dos dados de suas fontes originais, que eram os bancos de dados relacionais. Esses dados foram migrados para o Snowflake, uma plataforma de armazenamento em nuvem altamente especializada em gerenciamento e análise de grandes volumes de dados. O objetivo era preservar a integridade dos dados originais durante essa transição.
   - ✓ Após a extração, os dados passaram por uma fase de transformação rigorosa, que inclui limpeza, normalização de formatos, correção de erros e aplicação de regras de elegibilidade dos alunos. Isso foi essencial para permitir consultas eficientes e precisas, identificando os alunos que estavam aptos para a colação de grau.
   - ✓ A validação dos dados também foi uma etapa crucial, uma vez que assegura a precisão das informações. Essa etapa incluiu a verificação de campos obrigatórios e a aplicação de regras específicas.
   - ✓ Em seguida, os dados foram armazenados em um *data mart*, uma base de dados projetada especificamente para atender às necessidades exclusivas desse processo. Esse *data mart* faz parte do nosso *data lake*, garantindo a organização adequada e facilitando consultas eficientes, com recuperação rápida de informações.
   - ✓ Para manter a qualidade e a relevância dos dados, implementamos um sistema de monitoramento contínuo e atualizações regulares. Isso garante que as informações estejam sempre atualizadas e prontas para serem usadas de maneira precisa e confiável.
2. **Armazenamento de dados em SQL Server:**
   - ✓ Para evitar a repetição de processamento, o robô passou a utilizar um banco de dados SQL Server para armazenar informações sobre os alunos já processados.
   - ✓ Isso garantiu que apenas novos alunos fossem importados, aumentando a eficiência do processo.
3. **Alcance da maturidade do processo:**
   - ✓ Trabalhamos continuamente para aperfeiçoar o processo de automação até alcançar a maturidade desejada.
   - ✓ Isso resultou em uma operação altamente eficiente, beneficiando tanto os alunos quanto a instituição.

6.3.4. Conclusão

A cultura de banco de dados desempenhou um papel fundamental em nossa jornada para aprimorar a experiência dos estudantes e otimizar nossos processos. Desde o gerenciamento de um volume massivo de alunos até a complexidade da elegibilidade dos estudantes, nossa decisão de adotar estruturas de dados, como o Snowflake e o SQL Server, provou ser fundamental para um processo mais fluido.

6.4. Exemplo de automação II: integração via robô entre Pravaler e Ânima Educação

6.4.1. Introdução

Na construção de uma rede de ensino integrada por todo o país, são criadas alianças cruciais. Essas parcerias têm como objetivo central a democratização do acesso ao ensino superior e o bem-estar dos alunos. Entre nossos parceiros destaca-se o Pravaler, cujo papel é significativo ao proporcionar ofertas e condições de pagamento que aliviam o peso financeiro dos estudantes.

Fundada em 2001, o Pravaler, empresa brasileira no campo do financiamento estudantil, desempenha um papel vital na missão de tornar a educação superior acessível em nosso país. Sua missão é "tornar a educação acessível para quem deseja moldar sua própria história, transformar sua comunidade, seu país e o mundo." Até o momento, a empresa já beneficiou mais de 240 mil pessoas em todo o Brasil, estendendo seus serviços a mais de 600 instituições de ensino.

Além disso, o Pravaler se propôs a uma missão: beneficiar um milhão de alunos até 2025, impactando positivamente não apenas suas vidas, mas também as de suas famílias.

Alinhado com a Ânima, o Pravaler tem como visão simplificar o processo de contratação e renovação de matrículas, transformando-o em uma experiência totalmente *on-line* e sem burocracia. Dessa forma, surgiu a necessidade de estabelecer um processo automatizado entre o Pravaler e a Ânima.

6.4.2. Objetivo

A automatização visa, em primeiro lugar, aprimorar a experiência do aluno. Através desse processo otimizado, os alunos desfrutam de uma jornada de financiamento mais eficiente, ágil e transparente. Isso proporciona a eles um acesso mais rápido e conveniente aos benefícios do financiamento, tornando sua experiência acadêmica ainda mais satisfatória.

Além disso, com uma volumetria média de 30 mil protocolos a serem processados anualmente, a automação tem como objetivo reduzir significativamente o tempo que normalmente seria gasto manualmente, resultando em uma economia notável de aproximadamente 5.000 horas de trabalho.

Dessa maneira, nosso objetivo central é aprimorar a experiência tanto dos alunos quanto da equipe operacional. Isso se concretiza através do aperfeiçoamento da eficiência do processo, o que, por sua vez, possibilita que os colaboradores se concentrem em atividades de maior estratégia e relevância.

6.4.3. Desafio

Para garantir o sucesso do projeto, temos como requisitos essenciais o acesso às bases de dados oriundas dos sistemas integrados, com uma lista de alunos contendo o status de sua situação financeira dentro da instituição.

Contudo, enfrentamos um desafio consideravelmente maior ao lidar com o Sistema Financeiro Integrado, que utiliza uma interface desenvolvida em Delphi, uma linguagem de programação de alto nível amplamente empregada na criação de interfaces. Embora seja reconhecida por sua capacidade de criar interfaces amigáveis e seguras, a tela do sistema em questão apresentou dificuldades notáveis de leitura por parte do robô automatizado, tornando esse obstáculo uma das principais complexidades do projeto.

Além disso, por estarmos criando um robô que irá conversar com ambas as instituições, foi necessário elaborar um trabalho em conjunto, visando traduzir os dados de maneira que tanto a Ânima quanto o Pravaler pudessem entender.

6.4.4. Solução

1. Dados entre Pravaler e Ânima

✓ Para os sistemas conversarem entre si, fez-se necessário criar sete tabelas de De/Para, nas quais o robô poderia checar onde os dados oriundos do Pravaler se mapeavam nos sistemas da Ânima.

- ✓ Para a criação das tabelas, foi utilizado um SQL Server, onde o robô tem total independência para atualizar as informações caso a área disponibilize uma planilha de atualização dos dados.

2. Checagem de dados acadêmicos dos alunos

- ✓ A Ânima possui uma estrutura de engenharia de dados robusta, por isso foi possível utilizar *queries* no Snowflake que trouxeram as informações necessárias.

3. Tela em Delphi do sistema integrado

- ✓ A dificuldade de navegar e ler dados das telas foi o maior desafio do projeto. Como solução, foi realizado um segundo trabalho de mapeamento das telas, para verificar como as informações chegavam no sistema.
- ✓ Foi identificado que essas informações eram oriundas de um banco de dados Oracle, onde se encontram todas as informações dos alunos da Ânima.
- ✓ Como solução, o robô passou a executar consultas e *procedures* nesse banco de dados, de maneira que ele não precisasse da tela para verificação de dados, somente para a abertura do protocolo de renovação de financiamento.

6.5. Conclusão

Neste projeto, aprendemos a importância de um estudo detalhado do processo, reconhecendo que a simples implementação de um robô não seria suficiente para resolver o problema em questão. Deveríamos ter indagado mais sobre a proposta técnica oferecida pela consultoria que estudou o problema. Como o robô por si só não seria suficiente para a questão, foi necessária uma reestruturação do processo para assim criarmos algo que atendesse ao escopo especificado.

Enfrentamos desafios notáveis, especialmente devido à complexidade do Sistema Financeiro Integrado em Delphi e à necessidade de traduzir e mapear dados entre Ânima e Pravaler. No entanto, a criação das tabelas de De/Para permitiu a comunicação entre os sistemas, e a utilização de bancos de dados SQL Server, Oracle e Snowflake facilitou a integração e a consulta de dados acadêmicos.

Essas soluções foram viabilizadas graças a uma cultura de banco de dados eficaz, que possibilitou a personalização e melhoria dos robôs. Sem o uso dessas ferramentas de bancos de dados, o projeto teria enfrentado sérias dificuldades para ser concluído com sucesso.

7. Jornada *Citizen Developer*

Marcio Benedito de Souza

7.1. Contexto

A automação de processos nos últimos anos vem revolucionando a forma como as empresas trabalham e gerenciam suas atividades – e isto não deveria ser nenhuma novidade, certo? Espero que você, caro leitor ávido por conhecimento, também concorde que as áreas de tecnologias dificilmente teriam condições de solucionar todos os problemas das áreas de negócio.

As ferramentas *low code* e *no code*, antes tradicionalmente restritas aos especialistas de TI, em determinado momento passam a ser usadas nas áreas de negócios, onde surge outra necessidade: "a formação dos *Citizen Developers*".

Os *Citizen Developers* são colaboradores alocados normalmente em suas atividades, inseridos nas áreas de negócios, com conhecimento especializado em suas áreas de atuação, que, com uma dose de treinamento, passam a ter habilidades para criar e implementar soluções de automação inteligente de processos, a fim de agilizar soluções para problemas simples e melhorar a eficiência da operação.

Essa nova força de trabalho estaria focando em redução de custos, aumento de capacidade e agilidade, ambiente colaborativo entre as áreas e construção de repositórios de aproveitamento orientados a escalabilidade de soluções. Mas a maior vantagem é o tempo de resposta às mudanças do mercado.

O *case* abordado foi aplicado na empresa Furnas Centrais Elétricas S.A., também conhecida simplesmente como Furnas. É uma das principais empresas do setor elétrico do Brasil e faz parte do complexo de empresas da Eletrobras (Centrais Elétricas Brasileiras S.A.). A Eletrobras é uma empresa estatal de energia elétrica, e Furnas é uma de suas subsidiárias. Além de atuar na geração e transmissão de energia, Furnas também está envolvida em projetos de pesquisa e desenvolvimento em busca de soluções inovadoras no campo da energia elétrica. Como uma empresa do setor de energia elétrica, Furnas enfrenta diversos desafios e demandas, incluindo a busca por maior eficiência operacional, a garantia da disponibilidade de energia, a manutenção de infraestruturas complexas e a adaptação às mudanças regulatórias e tecnológicas do setor.

7.2. Desafio

Embora iniciar a jornada *Citizen Developer* ofereça vantagens evidentes, a implementação em companhias como a poderosa Furnas Centrais Elétricas S.A. não foi uma tarefa isenta de desafios empolgantes.

A descentralização dos desenvolvimentos pareceu um tanto promissora, mas, por outro lado, acabou levantando preocupações legítimas sobre o controle e a segurança dos dados, bem como a padronização dos processos. Essas questões foram enfrentadas e aprimoradas, criando condições viáveis para os projetos iniciais realizados pelos *Citizens*, que passaram a se alinhar rigorosamente às políticas e boas práticas estabelecidas pelo Centro de Excelência RPA (CoE RPA).

Outro aspecto crucial para o triunfo da empreitada foi a escolha criteriosa de parceiros especializados, aptos a capacitar os *Citizen Developers* de grandes empresas como Furnas. A seleção desses parceiros foi submetida a um processo meticuloso de homologação, garantindo que se adequassem perfeitamente às políticas estabelecidas pelo projeto de democratização das automações.

A tomada de decisão em relação à ferramenta a ser utilizada não poderia ser menos apaixonante. Com dedicação, a primeira turma de capacitação foi analisada e pesquisada, com *benchmarking* junto a outras empresas para identificar vantagens e desvantagens, custos e a velocidade necessária para estabelecer uma cultura colaborativa inspiradora. Assim, a plataforma escolhida para dar vida à primeira turma foi a poderosa Power Platform, da Microsoft, que prometia levar os *Citizens* a voos cada vez mais altos no universo da automação inteligente de processos.

Com toda essa emoção e determinação envolvidas, o caminho rumo à democratização das automações em Furnas ganhou vida, impulsionando a empresa a abraçar o futuro com ousadia e inovação. A história desses desafios superados, repletos de paixão e aprendizado, certamente inspirou a todos em continuar a desbravar os horizontes da automação e da transformação digital.

Escopo definido, começaram as agendas de alinhamento de expectativas e público envolvido no processo de capacitação da primeira turma *Citizen Developer* formada para apoiar nas iniciativas de automação inteligente de processos.

7.3. Plano

"Todo mundo tem um bom plano até tomar o primeiro soco na cara" – frase adaptada de um comentário de Mike Tyson momentos antes da luta contra o ícone Holyfield, em 1996.

A democratização da automação necessita de uma colaboração estreita entre as áreas de transformação digital e de TI. Para garantir interação fluida, é preciso estabelecer canais de comunicação eficientes. Furnas seguiu a "cartilha" quando levou o projeto a outras áreas, a fim de engajar o maior número de áreas possível, e, junto à área de tecnologia, definiu um grupo de colaboradores que deveriam fazer parte da formação *Citizen Developer.*

No processo, contamos com a participação de oito diretorias e um total de 46 pessoas engajadas. Após uma série de agendas de ideação, conseguimos levantar um impressionante número de 36 ideias que se mostraram aptas a serem desenvolvidas pela turma. Posteriormente, através de várias rodadas de refinamento, selecionamos com cuidado as 14 ideias mais promissoras, que se tornaram os projetos elegíveis para o programa *Citizen Developers.*

O programa de formação do *Citizen* conta com fases estruturadas de triagem de perfil, seleção dos projetos, formação teórica das equipes, definição dos projetos, desenvolvimento técnico, apoio técnico na construção das soluções, definição do *pitch* de apresentação e apresentação do projeto final à companhia.

O processo completo de formação tem duração aproximada de três meses, adaptando-se conforme a complexidade dos projetos em questão. Durante as rodadas de *coaching*, o foco é oferecer um apoio técnico dedicado e tirar todas as dúvidas dos alunos, o que pode levar tempo, mas é essencial para o sucesso de suas iniciativas.

À medida que avançamos, alguns alunos, demonstrando maior habilidade no desenvolvimento de soluções, seguem em ritmo mais acelerado. As agendas de apoio técnico são fundamentais para validar as soluções propostas e desenhar abordagens escaláveis.

Ao final do programa, todos os alunos não apenas adquirirão conhecimento técnico avançado, como estarão capacitados para elaborar *business cases*. Essa etapa é de extrema importância para a validação financeira de seus projetos, garantindo que as soluções propostas sejam viáveis e contribuam positivamente para o sucesso da empresa.

Ao longo do programa, formamos um total de 25 alunos, divididos em cinco grupos, com cada grupo encarregado de conduzir um projeto específico. Inicialmente, adotamos uma estratégia de distribuição de pessoas entre os grupos. Contudo, observamos que, ao reunir pessoas que já trabalhavam na mesma área, a sinergia na produção de conteúdo aumentou significativamente.

Diante dessa constatação, realizamos uma readequação visando reduzir as dispersões e garantir maior coesão dentro dos grupos. O resultado dessa mudança foi notável, pois a colaboração entre os membros tornou-se ainda mais harmoniosa, permitindo que seus conhecimentos e experiências se complementassem de forma mais eficaz.

Com essa reestruturação, a eficiência e a produtividade dos grupos foram potencializadas, contribuindo para um desenvolvimento mais acelerado dos projetos e alcançando resultados de alta qualidade. Essa abordagem alinhada proporcionou uma experiência de aprendizado mais enriquecedora e gratificante para todos os envolvidos no programa.

7.4. Resultado

Se pudesse definir em uma palavra, o mais importante valor para o treinamento de *Citizen Developers* seria a **colaboração**. Os *Citizen Developers* precisam trabalhar em conjunto, compartilhar conhecimentos e habilidades, e colaborar de forma efetiva para aprimorar as soluções e alcançar os objetivos do projeto. É por meio da colaboração que os participantes podem combinar suas perspectivas únicas, competências e ideias, gerando um ambiente rico em criatividade e inovação. Trabalhando em equipe, eles são capazes de superar desafios, identificar oportunidades e encontrar as melhores soluções para as demandas específicas de automação. A colaboração também fortalece a troca de experiências e a aprendizagem contínua, criando uma cultura de compartilhamento de conhecimentos que beneficia a todos os envolvidos.

Dentre os projetos concluídos, muitos são adequados a várias áreas da companhia, como também a outras empresas do grupo Eletrobras. Mas tudo isso foi resultado de muito alinhamento sobre o objetivo principal: as automações desenvolvidas deveriam ser simples, que trouxessem valor, resolvessem uma dor do processo e que fossem escaláveis a outras áreas. Dentre eles, saíram projetos de gestão de estoques, auditoria de equipamentos e gerenciamento das bases de dados, ou seja, estamos nos referindo a inúmeras oportunidades de uso para essas aplicações *low code* desenvolvidas pelos alunos.

Então chegou o momento mais aguardado: o desafio final de apresentar seus projetos para toda a companhia! Os alunos foram convidados a participar dessa etapa crucial, acompanhados por seus gestores e diretores, para apresentar suas ideias a toda a empresa. Essa experiência trouxe uma mistura de ansiedade e empolgação, mas, acima de tudo, era uma oportunidade única para os alunos serem os verdadeiros "donos das ideias".

Durante a apresentação, eles puderam demonstrar todo o conhecimento adquirido e, mais importante ainda, compartilhar suas visões transformadoras com toda a organização. Foi um momento de orgulho e satisfação, pois cada aluno pôde perceber o impacto positivo que suas ideias traziam para a empresa.

7.5. Lições aprendidas

O maior desafio da implementação da trilha de *Citizen Developer* na empresa Furnas foi entender o momento de cada participante. As atividades de rotina continuariam chegando, mas, ao mesmo tempo, haveria um tempo para que os alunos pudessem criar soluções com ferramentas *low code*, com o propósito de reduzir esforços manuais e erros, e escalar para outros processos da companhia. Certamente o contexto importa para uma jornada de sucesso.

Durante a capacitação dos alunos na trilha de *Citizen Developer*, tivemos que encontrar os benefícios significativos de controle e monitoramento em seus projetos. Ao assumirem o desafio de resolver uma problemática pontual da empresa, eles puderam utilizar as habilidades adquiridas no programa para implementar soluções personalizadas de automações.

Além disso, a abordagem colaborativa adotada no programa permitiu que os participantes trabalhassem em conjunto com seus gestores e diretores, promovendo um alinhamento claro dos objetivos e metas de cada um dos projetos da turma.

Outro benefício do controle e monitoramento foi a capacidade de medir o impacto positivo das automações implementadas. Com métricas e indicadores precisos, os *Citizen Developers* puderam avaliar o retorno sobre o investimento (ROI) das soluções desenvolvidas, comprovando o valor agregado ao negócio.

7.6. Dicas finais

Antes de iniciar a formação de novas turmas, é importante realizar um mapeamento detalhado das demandas da empresa. Identificar os processos e as áreas mais carentes de automação e eficiência ajudará a direcionar o treinamento para abordar as necessidades reais da organização.

Para dar segurança e evolução ao processo de implementação do *Citizen Developer*, oferecer um suporte contínuo através de mentores e especialistas com base na formação da turma anterior é parte do processo de engajamento e implementação do modelo de evolução. Um programa de acompanhamento e mentoria permitirá que eles aprimorem suas habilidades, enfrentem desafios e compartilhem experiências.

Encoraje a troca de boas práticas e experiências entre os novos *Citizen Developers* e aqueles que já concluíram o programa. Isso criará um ambiente colaborativo e de aprendizado mútuo, impulsionando a excelência em suas atividades.

Monitore de perto os resultados obtidos com as implementações realizadas pelos novos *Citizen Developers*. Analise os indicadores de desempenho e avalie o impacto das automações no dia a dia da empresa. Essa avaliação contínua permitirá ajustes e melhorias no programa.

A dica mais importante é valorizar esforços e conquistas dos novos *Citizen Developers*. Reconheça publicamente suas contribuições para a empresa e ofereça oportunidades de crescimento e desenvolvimento profissional como forma de reconhecimento.

8. *Case* Maxion Structural Components

Camila Sales
João Batista Medeiros
Marco Tulio Ricci
Matheus Jorge
Tamires Berno

8.1. Contexto geral

8.1.1. A empresa

Fundada em 1918, a Iochpe-Maxion é uma companhia global, líder mundial na produção de rodas automotivas e um dos principais produtores de componentes estruturais automotivos nas Américas. São 33 unidades fabris, localizadas em 14 países e com 18 mil funcionários, o que a permite atender a seus clientes ao redor do mundo nos prazos e padrões de qualidade e competitividade exigidos por eles. O negócio é operado por meio de duas divisões: Maxion Wheels e Maxion Structural Components. Na Maxion Wheels, são produzidas e comercializadas rodas de aço para veículos leves, comerciais e máquinas agrícolas e rodas de alumínio para veículos leves. Na Maxion Structural Components, produzem-se longarinas, travessas e chassis montados para veículos comerciais e conjuntos estruturais para veículos leves.

A visão do grupo consiste em ser líder global e crescer de forma sustentável através da inovação, inspirando as pessoas a participarem da transformação do mundo automotivo. A empresa tem por missão fornecer componentes de forma rentável e melhorar a competitividade dos produtos de seus clientes em uma base global, através da inovação, da melhoria de processos e da excelência das pessoas. Destacam-se a seguir os valores da Iochpe-Maxion:

- ✓ Conduzir-nos de forma ética e sermos socialmente e ambientalmente responsáveis.
- ✓ Desenvolver, confiar, empoderar e respeitar nossas pessoas.
- ✓ Gerar resultados através de compromisso, senso de propriedade, melhoria contínua e trabalho em equipe.

- ✓ Utilizar nossos recursos de forma eficiente e alcançar os níveis mais altos de satisfação do cliente.
- ✓ Fomentar a inovação e desencadear a criatividade de todas as nossas pessoas.

A Maxion Structural Components, uma das divisões da empresa Iochpe-Maxion, fabrica e comercializa componentes estruturais para caminhões, ônibus, camionetas, automóveis, tratores, máquinas agrícolas e veículos de todo terreno. Atualmente tem mais de 5.000 colaboradores divididos entre as plantas de fabricação:

- ✓ Cruzeiro – SP
- ✓ Resende – RJ
- ✓ Contagem – MG
- ✓ Sete Lagoas – MG
- ✓ Córdoba – Argentina
- ✓ Canelones – Uruguai
- ✓ Castaños – México

A empresa conta com um dos maiores recursos de estampagem da América do Sul, com prensas de entre 15 e 5.200 toneladas, *know-how* consolidado em sistemas de transferência, alimentação progressiva e automática de bobinas, tudo o que garante a repetibilidade e a qualidade nos seus serviços.

Em termos de montagem de produtos, a divisão de componentes estruturais possui experiência em processos de soldagem MIG/MAG, TIG, arco submerso, soldagem por projeção, soldagem a ponto, rebitagem, aparafusamento e sistemas de rebitagem de juntas. Possui também sistemas para tratamento e proteção de superfícies como E-Coat, Top-Coat e Pintura a Pó.

8.2. Jornada da transformação digital na empresa

8.2.1. Estratégia da empresa para o digital

A iniciativa de transformação digital da Maxion visa integrar tecnologias digitais para todas as áreas de negócios, mudando fundamentalmente como operar e entregar valor para todos os clientes e dentro da própria Maxion para seus colaboradores. É uma estratégia que vai além da implementação da tecnologia para implicar mudanças centrais mais profundas em todo o modelo de negócios e na evolução do trabalho.

Requer mudanças organizacionais centradas no cliente, respaldadas pela liderança e que transformam a cultura corporativa ao alavancar as tecnologias.

Um grande desafio dessa jornada é promover a mudança cultural nas práticas convencionais para além do comum, de forma a obter o maior benefício e resultado possível para as áreas de negócio da empresa.

Nomeiam-se a seguir os objetivos estratégicos da iniciativa de transformação digital na Maxion Structural Components:

- ✓ Resolver problemas de negócios reais gerando valor e melhorando nossos resultados financeiros.
- ✓ Liderar o mercado para melhor servir nossos clientes e crescer sustentavelmente.
- ✓ Integrar funções de negócio e divisões.
- ✓ Desenvolver nossos times e criar novas competências essenciais.
- ✓ Mentalidade de propriedade e uso inteligente do tempo de nossos times.
- ✓ Criar o pensamento global com ações locais.

Antes do ano de 2019 a empresa já possuía alguns desenvolvimentos na área de tecnologia e transformação digital, porém ainda com a necessidade de estruturar melhor seus fluxos e obter resultados. De acordo com a Figura 4, a partir de 2019 observou-se na empresa um aumento significativo de demandas relacionadas ao uso de tecnologias dentro do universo digital, como uso de RPA, VBA, PowerAutomate e Tableau, entre outras ferramentas. Dessa forma, a empresa estruturou os processos organizando os projetos e as demandas de transformação digital através de um responsável pela gestão e aplicação dessas tecnologias dentro do ecossistema da empresa. Houve ainda uma intensificação do universo digital através de comunicações recorrentes aos funcionários, *workshops* internos e capacitações.

Em 2021 foi possível executar algumas provas de conceito muito valiosas para a demonstração da aplicação da tecnologia dentro da empresa, bem como colher alguns resultados para validação do que foi implementado. Foram estabelecidas metas para as áreas de negócio colaborarem com ideias e soluções para seus ecossistemas. Adicionalmente, forjamos uma parceria com um grande *hub* de inovação focado em digital do país, o que nos impulsionou a acelerar nossas conexões com o universo de *startups* focadas nessas tecnologias e a dar mais agilidade a alguns dos nossos projetos.

No momento atual, a empresa conta com alguns projetos estratégicos nas áreas de operações, administrativo e linha de produção, que se dividem entre desenvolvimentos internos e externos junto a parceiros e *startups*. Um grande desafio é escalar as soluções e aplicações para uma plataforma global padronizada para melhor comunicação e identificação de oportunidades em outras localidades e unidades da empresa.

Outro desafio recorrente é o desenvolvimento forte e capilarizado da mentalidade e da cultura de inovação e transformação digital, para que cada colaborador da Maxion, não importando sua unidade de negócio ou planta da empresa, entenda seu papel dentro dessa transformação e faça parte dessa jornada identificando oportunidades, trazendo soluções, fomentando o canal e disseminando a mentalidade inovadora dentro do seu time bem como para toda a empresa.

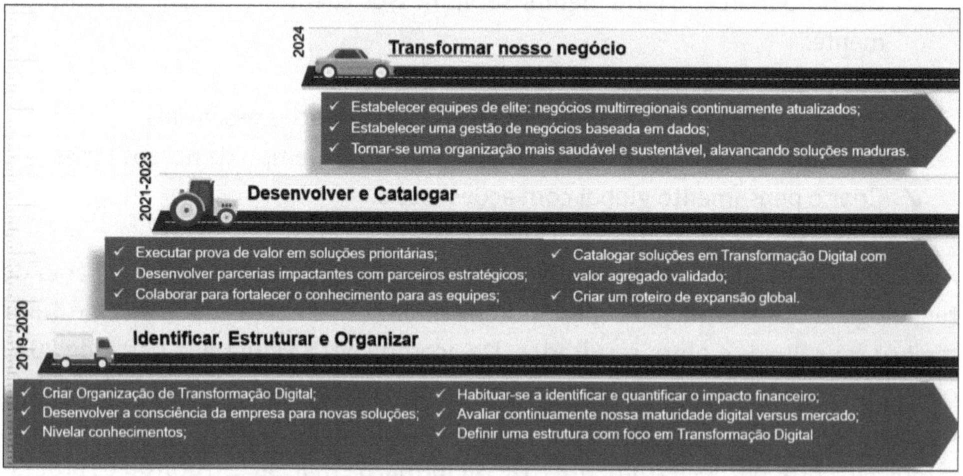

Figura 4. *Roadmap* 20-24 da jornada em transformação digital na companhia.
Fonte: os autores.

8.2.2. Apresentação da Academia de Transformação Digital – DT Academy

Em 2021 tivemos um aumento exponencial na necessidade de funcionários Maxion automatizarem algumas atividades cotidianas. Havia uma alta procura por orientações tecnológicas e coube ao responsável por transformação digital na época atuar em projetos que envolviam tais tecnologias. Assim, ocorreu a criação do projeto DT ACADEMY. Começamos disponibilizando uma agenda de encontros focados em desenvolver a capacidade das pessoas no uso de ferramentas digitais.

Hoje o projeto é composto por um time de mentores com grande conhecimento em ferramentas de automatização sistêmica, que compõem o quadro de funcionários Maxion e disponibilizam atendimento aos colaboradores para ajudá-los a automatizar as atividades cotidianas identificadas.

Em linhas gerais, o intuito do projeto é providenciar atendimento aos funcionários para ajudá-los a automatizar e otimizar suas atividades e demandas identificadas, sendo que esse serviço é feito pelos próprios funcionários, que já possuem conhecimento mais avançado nas ferramentas de otimização sistêmica como Excel, SAP, VBA, Tableau e *Robotic Process Automation* (RPA).

Atualmente o projeto conta com cinco mentores de áreas diversas da empresa, como Planejamento, Logística, Engenharia e TI, que atendem de forma semanal e presencial no ambiente de inovação da Maxion. O mentorado identifica uma atividade em sua rotina que possa ser automatizada e se apresenta no horário de atendimento da DT Academy, e assim receberá suporte de um dos mentores disponíveis. Com a mentoria desse orientador, o usuário tem a possibilidade de desenvolver seu projeto de automatização, executando ele mesmo o projeto e aliando o aprendizado dessas ferramentas ao seu desenvolvimento humano. Após sua conclusão, os resultados são registrados e os ganhos são levantados junto a sua área da empresa.

Em 2022 os atendimentos da DT Academy e os projetos desenvolvidos geraram uma soma de mais de 500 horas otimizadas ao mês, utilizadas para outras atividades que adicionam valor ao cotidiano do colaborador. As principais áreas impactadas com o programa da DT Academy são Comercial, Planejamento e Controle de Produção, Compras, Suprimentos e Logística e Financeiro.

8.3. Projetos em RPA de impacto para a Maxion

8.3.1. Automação de cadastros de materiais

8.3.1.1. Oportunidade

O setor de Engenharia enfrentou um desafio ao substituir a antiga maneira de cadastrar novos itens diretamente no SAP, usando macros VBA, por uma plataforma *web* (Klassmatt). A mudança inviabilizou o uso das macros antes utilizadas, e todos os cadastros passaram a ser realizados manualmente. O fluxo de cadastro de novos itens passava por diversas áreas em sequência, dependendo do tipo do material, e a rastreabilidade das pessoas responsáveis por cada etapa do processo era importante.

Inicialmente, foi realizado o orçamento do desenvolvimento completo da solução de RPA por uma empresa especializada e alocação de um robô em nuvem, porém o custo ficou elevado e o ROI não era vantajoso. No entanto, os benefícios da automação eram claros, incluindo a redução de erros que eram frequentes com o preenchimento manual.

8.3.1.2. Solução

Para superar esse desafio, a empresa optou por testar a utilização do PowerAutomate, um software de RPA lançado pela Microsoft e disponível gratuitamente para todos os usuários do Office 365. Sem um especialista interno na empresa, buscamos uma parceria com uma *startup* e foram contratadas 20 horas de consultoria para orientar o desenvolvimento da automatização. O custo ficou seis vezes inferior em relação ao desenvolvimento completo por terceiros.

A estratégia não era terceirizar a criação completa da solução, e sim acelerar a curva de aprendizado pela área de negócio. Isso garantiria custos mais baixos e a capacidade de realizar ajustes e melhorias internamente. O processo automatizado foi desenvolvido com a ajuda da consultoria para uma categoria específica de itens, mas com flexibilidade para ser adaptado a outras categorias. Além disso, diversas informações a serem inseridas eram baseadas em regras, que foram mapeadas e incluídas na automatização.

8.3.1.3. Resultados

A implementação da automatização foi realizada em uma área piloto (Engenharia), gerando uma redução de mais de 100 horas de trabalho manual por ano. O conhecimento adquirido com esse projeto foi repassado para o responsável da área, dono do processo, que foi treinado não apenas para corrigir os fluxos quando houvesse alguma necessidade de alteração, como também para dar abrangência para as demais categorias de itens.

Devido ao sucesso do projeto, outras áreas passaram a buscar soluções de automação para seus próprios processos de cadastros. Novos fluxos foram então criados internamente para as áreas de Planejamento e Qualidade.

A transição do processo manual para uma solução RPA trouxe eficiência e maior objetividade, demonstrando o potencial da automação mesmo com recursos limitados. A iniciativa de capacitar a equipe para assumir o desenvolvimento e a expansão das automações fortaleceu a cultura e a mentalidade de proprietários dentro da empresa.

8.3.1.4. Lições aprendidas

a) Avaliação do caso de uso e escolha da solução

Durante a fase inicial deste projeto, foi importante compartilhar a oportunidade com o departamento de TI, que nos ajudou a classificar o projeto quanto a seu impacto e criticidade, a fim de determinar a solução mais adequada ao uso específico.

Oportunidade de automação robusta: processos de alto impacto e alta frequência exigem automações mais robustas, autônomas e baseadas em nuvem, com tratamento de erros e *logs* de execução que evitem falhas de processo que possam gerar perdas para o negócio.

Oportunidade de automação descentralizada: para processos de menor impacto, a abordagem de utilizar ferramentas gratuitas ou de baixo custo, combinadas com o conhecimento da equipe interna, provou ser eficaz. Mesmo com recursos limitados, soluções RPA podem trazer benefícios para o negócio, e devem ser avaliadas alternativas mais apropriadas capazes de atender a projetos com esse escopo.

b) Mudança cultural e curva de aprendizado

Investir na capacitação da equipe pode resultar em autonomia e redução de custos. Além disso, essa abordagem gera um crescimento orgânico, em que o sucesso de um projeto inspira a expansão da automação para outras áreas e processos.

Colaboradores com aptidão para assimilar novas tecnologias, que já possuíam conhecimento em lógica de programação, Excel e VBA, conseguem aprender a utilizar softwares de RPA rapidamente, permitindo o desenvolvimento de soluções completas com poucas horas de consultoria. Esses colaboradores podem atuar como mentores, compartilhando conhecimento e auxiliando na implementação de projetos em outras áreas.

8.3.2. Automação de inserção de etapas nas unidades de fretes no SAP-TM

Após a implementação do SAP Transportation Management (TM) como parte da nossa estratégia de otimização logística, um novo desafio surgiu no cenário de consolidação de cargas: a inserção manual de etapas em dezenas de unidades de frete diariamente.

8.3.2.1. Desafios da consolidação de cargas

No cenário de consolidação de carga da Maxion, o transporte ocorre em duas etapas: consolidação e transferência. As complexidades surgiam das diferentes circunstâncias em que o material era entregue pelos fornecedores. No primeiro cenário, o fornecedor entregava diretamente no consolidador, eliminando o custo de coleta, mas exigindo apenas o custo de consolidação. No segundo cenário, o material era coletado no fornecedor e, em seguida, consolidado, resultando em dois custos distintos: coleta e consolidação. Essas variações tornavam essencial uma abordagem consistente e precisa na inserção de etapas nas unidades de frete.

Anteriormente, essa tarefa crucial era realizada manualmente de forma repetitiva, consumindo tempo e um recurso dedicado para isso no terceiro turno, a fim de evitar atrasos na liberação de veículos na portaria no dia seguinte. Consciente da necessidade de otimizar esse processo, começou-se a busca por uma solução inovadora.

E ela veio na forma de Automação Robótica de Processos (RPA), uma tecnologia revolucionária que poderia aliviar a equipe dessa tarefa repetitiva e propensa a erros. No entanto, havia um desafio adicional: a necessidade de interagir com o sistema SAP-TM por meio do navegador da *web*. Apesar da familiaridade com *scripts* em VBA, a automação necessária ia além das nossas capacidades tradicionais.

8.3.2.2. Da dificuldade à parceria estratégica

O DT Academy, um projeto inovador da Maxion focado na criação de soluções de automação para aprimorar os processos internos, provou ser o parceiro ideal. As mentorias oferecidas pelo time permitiram a exploração e o desenvolvimento de uma solução inovadora que combinava a integração com o Microsoft Excel e a automação *web* do PowerAutomate.

O resultado foi uma RPA inteligente e eficiente que transformou o processo de inserção de etapas em unidades de frete. A RPA utiliza dados de relatórios enviados pela transportadora para determinar se uma nota fiscal está associada a um CTE de coleta ou entrega pelo fornecedor. Com base nessa informação, a RPA acessa o sistema SAP-TM através do navegador, processa cada unidade de frete, insere escalas de acordo com o tipo de CTE, ajusta datas e registra as unidades gerenciais de origem e destino. Em seguida, a RPA gera automaticamente as ordens de frete apropriadas.

8.3.2.3. Resultados significativos

A implementação de RPA trouxe resultados notáveis para a Maxion. Previamente à implementação do projeto, o desenvolvimento da atividade delongava em torno de seis horas para sua conclusão. Com a aplicação, além de eliminar a inserção manual de etapas, otimizando o tempo e permitindo que recursos humanos fossem realocados para tarefas de maior valor agregado, a automação também aprimorou a precisão e a consistência do processo. Os veículos agora podem ser liberados pontualmente, sem a necessidade de intervenção manual, otimizando a operação logística.

Com base no sucesso dessa implementação, expandimos a automação através do PowerAutomate para outras atividades repetitivas, reduzindo custos e otimizando nossas operações diárias.

8.3.2.4. Conclusão

O processo de automação da inserção de etapas nas unidades de frete é um testemunho do poder da inovação tecnológica. Ao enfrentarmos um desafio aparentemente complexo, demonstramos a capacidade de adaptar e integrar soluções avançadas para superar obstáculos operacionais. A parceria estratégica com o DT Academy e a adoção de RPA ilustram a importância de pensar fora da caixa e abraçar a automação como uma alavanca fundamental para o sucesso das nossas operações.

8.4. Considerações finais

8.4.1. Métricas de sucesso da corporação em transformação digital

Além dos objetivos da empresa para a digitalização de seus processos e para caminhar em direção a uma cultura de transformação digital, foram elaborados indicadores e metas para que os processos sejam medidos e a estratégia da abordagem seja compartilhada e desencadeada para os colaboradores, visto serem imprescindíveis a conscientização das pessoas e a ação de mudança em todos os níveis. O entusiasmo pela transformação digital precisa existir em todas as unidades de negócio da empresa.

- ✓ **Ter uma coordenação global:** maximizar resultados coordenando esforços, trabalhando para estabelecer padrões digitais e eliminando a duplicação de esforços.
- ✓ **Desenvolvimento e conhecimento interno:** desenvolvendo Centros de Serviços, apoiando necessidades específicas do negócio, gerenciando padrões e treinando colaboradores.
- ✓ **Engajamento de parceiros de tecnologia:** aprimorar nosso relacionamento com clientes e fornecedores, focando em um ambiente colaborativo para desenvolver estratégias digitais e processos conectados.
- ✓ **Sustentabilidade e competitividade a longo prazo:** o digital é uma nova forma de trabalhar, portanto "o que" e "como" executamos devem impulsionar a sustentabilidade.

8.4.2. Lições aprendidas e visão como uma empresa inovadora

Como todo processo, o caminho é longo e diverso, há obstáculos e vales. Trazer para uma grande corporação e incorporar em sua cultura vigente a mentalidade inovadora e de apoio ao digital é um desafio de todo setor e mercado, não só da indústria. Algumas das valiosas lições que foram entendidas na caminhada da Maxion até o momento contemplam o inevitável e importante envolvimento da liderança nos processos, além da capacitação dessas pessoas para as ferramentas e para a governança em inovação, bem como estar ciente de que não se faz tecnologia apenas pela tecnologia, e sim sempre para agregar valor a algum produto, processo ou pessoa e visar sempre o resultado, seja em capital, ganhos em segurança, otimização em tempo ou recurso.

Outro aspecto de muito valor apreendido nessa jornada é o poder de escalar as soluções para as diversas áreas de negócio da companhia, sejam elas outros setores, unidades ou plantas. Lograr o desenvolvimento e a aplicação das soluções em escala macro, apesar de um grande desafio devido a diversas realidades e contextos que existem dentro de uma mesma empresa, é um importante passo para que se evite a redundância de oportunidades de melhoria e de trabalho em soluções com sinergia. A colaboração multidisciplinar e diversa é a grande chave para a companhia alcançar seus objetivos e obter resultados de impacto em seu negócio.

Por fim, é importante salientar que o erro é aprendizado, e que seu acontecimento não é um fator de impedimento para continuidade de um projeto, mas um alerta para fazer o que for necessário em termos de pivotar, remodelar, buscar parcerias e auxílio em outros ecossistemas e persistir para mitigar seus impactos e não deixar que uma boa solução ou ideia "morra" por uma barreira evitável ou consertável.

8.4.3. Propostas de continuidade: o que estamos cultivando para o futuro da empresa e do setor

Na era da transformação digital, as possibilidades trazidas pela Automação Robótica de Processos (RPA) são verdadeiramente promissoras para uma grande corporação como a nossa. Vemos RPA como um catalisador para otimizar nossas operações internas e melhorar a experiência do cliente de maneiras que antes pareciam inatingíveis.

Essa tecnologia nos permite redesenhar fluxos de trabalho, eliminar tarefas manuais repetitivas e liberar nossos talentos para se concentrarem em atividades de alto valor. RPA não é apenas uma solução tecnológica, mas um impulsionador de mudanças culturais, promovendo a interação homem-máquina para maximizar a eficiência e a agilidade. Com a automação cuidando do trabalho rotineiro, nossas equipes podem se dedicar a estratégias criativas e de inovação, alinhando-se perfeitamente com nosso compromisso de liderar a indústria com soluções pioneiras.

Em nossa jornada como líderes na indústria automotiva, é com grande entusiasmo que vislumbramos o papel fundamental da transformação digital em nossa estratégia global. Reconhecemos a tecnologia como um acelerador poderoso para nossa evolução, que redefine a eficiência de nossos processos, alinhando-se perfeitamente com nossa busca pela excelência operacional. Através da automação inteligente, poderemos otimizar nossas cadeias de fornecimento, aprimorar a qualidade da produção e até mesmo elevar a experiência do cliente a níveis sem precedentes. O uso de tecnologias como o RPA simplifica tarefas e desencadeia uma transformação cultural ao permitir que nossos colaboradores se concentrem em atividades de mais valor que definirão o futuro da mobilidade.

Estamos abraçando uma era em que humanos e máquinas trabalham em harmonia para atingir nossas metas audaciosas de liderança na próxima geração da indústria automotiva.

8.4.4. Agradecimentos finais

Primeiramente agradecemos a leitura e o convite para participar deste projeto que tem por responsabilidade disseminar os casos, as boas práticas e as lições aprendidas do uso de RPA dentro dos ambientes corporativos em suas rotinas de trabalho, de forma a estabelecer a troca saudável e necessária de boas práticas que adicionam valor a esses ambientes.

Desejamos a você leitor que sua jornada seja de muito aprendizado e repleta de resultados positivos e de grandes alcances em seu ecossistema. Lembre-se: barreiras e "anticorpos" sempre existirão, mas para ser inovador é preciso ser resiliente, paciente e capaz de ser a ação que a empresa precisa para se manter sobrevivente em um mercado de rápida disrupção, muitas vezes imprevisível. A mudança é a única constante!

9. Melhorando a eficiência da força de trabalho com RPA

Carlos Liberato
Lucas Remor

9.1. Apresentação da empresa

Em 1968, um jovem farmacêutico, Genésio A. Mendes, tomou a decisão que mudou a sua vida ao lançar o seu próprio serviço de distribuição. Ele vendeu seu Fusca para levantar capital e comprar alguns medicamentos. Genésio então entregou esses medicamentos em farmácias, andando de bicicleta pelas ruas de Tubarão, Santa Catarina. E nasceu a empresa GAM Distribuidora.

Hoje, a GAM atende a mais de **17 mil clientes** nos setores farmacêutico, hospitalar e supermercadista. Cerca de **700 funcionários** trabalham na distribuição de mais de **13 mil** produtos em todo o Brasil e nos setores farmacêutico, hospitalar e alimentício. Ao focar na integridade, na inovação e no bem-estar dos funcionários, a GAM cresceu e se tornou um importante *player* no setor a nível Brasil.

9.2. Contexto

Para sustentar esse crescimento notável, a GAM Distribuidora implementou uma operação de *backoffice*. Essa equipe passou a suportar as atividades operacionais, inclusive etapas do processo comercial, entregando um resultado positivo. Tal mudança de estrutura incentivou o time da GAM Distribuidora a buscar melhoria contínua, monitorando e analisando os resultados através de indicadores. Essa busca constante por melhoria e as mudanças do cenário econômico colocaram a equipe da GAM Distribuidora mais uma vez frente ao desafio, onde já não cabia mais o ditado "fazer mais com menos". Agora o lema era: "fazer o dobro com a metade". Com isso, iniciamos as análises de processos.

No âmago dessa operação, foi identificado que os funcionários enfrentavam a árdua tarefa de lidar com uma série de atividades manuais e repetitivas. Eles se dedicavam a afazeres exaustivos, que variavam desde a tediosa transferência de informações entre diferentes plataformas de CRM até a meticulosa preparação de cotações de preços para clientes exigentes. Além disso, eram incumbidos de reunir e organizar os certificados fiscais, atendendo assim às exigências rigorosas estabelecidas pelas regulamentações governamentais. Essa variedade de responsabilidades refletia a extensão das demandas enfrentadas, ressaltando a necessidade premente de uma abordagem mais eficiente e precisa para lidar com essas tarefas cruciais.

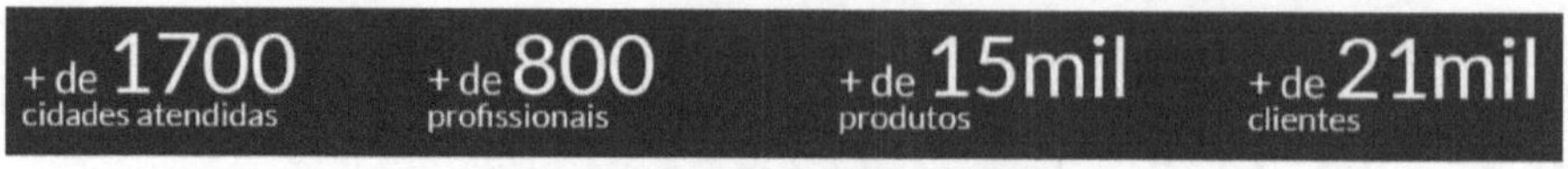

Figura 5. Contexto GAM Distribuidora.
Fonte: os autores.

9.3. Jornada da automação

Enquanto isso, no departamento de Qualidade, as pesquisas por soluções que pudessem agregar eficiência e valor ao negócio foram incluídas no cotidiano da área.

A administração da GAM abordou três fornecedores líderes de automação para avaliar, testar e determinar a melhor opção de parceria para essa jornada que estava se iniciando para a GAM. Após uma avaliação cuidadosa, foi selecionada a IBM, que possui uma equipe sediada no Brasil e apresentou um excelente atendimento ao cliente, criando sua prova de conceito (POC) com uma implementação bem-sucedida da tecnologia IBM® Robotic Process Automation[4] e com os resultados gerando produtividade e eficiência para o processo.

"Eles dedicaram seu tempo a nós e forneceram explicações detalhadas para todas as perguntas que fizemos. Sempre que encontrávamos algum desafio em nossos projetos, a IBM nos ajudava a encontrar uma solução", lembra Lucas Remor, coautor deste capítulo.

Nessa jornada da automação, onde as lições aprendidas, melhores práticas e maturidade das equipes são consideradas aceleradores na entrega de resultado dos projetos de RPA, a escolha de um parceiro que melhor atenda ao perfil de sua empresa é um diferencial.

---

4 <https://www.ibm.com/products/robotic-process-automation>.

Também era essencial que os funcionários da GAM se sentissem confortáveis de trabalhar com os novos colaboradores digitais. "A IBM foi fundamental no treinamento de nossos funcionários para usar os *bots*", diz Remor. "Em muito pouco tempo, nossos funcionários perceberam que os robôs não estavam lá para substituí-los, mas para ajudá-los a fazer seu trabalho melhor e mais rápido".

Inicialmente, foi adotada uma abordagem inovadora: cada área teria um "champion" (alguém treinado que seria o responsável pelas automações da sua área), ou seja, pegamos usuários de negócios e os ensinamos a criar robôs!

Essa estratégia permitiu que profissionais de diversas áreas fossem habilmente orientados no desenvolvimento e na implementação de robôs em suas respectivas funções. A decisão revelou-se ousada, trazendo consigo o risco potencial de atrasos na entrega dos projetos. No entanto, graças ao comprometimento e ao envolvimento dos líderes e da alta gerência, a equipe conseguiu manter o foco e a determinação necessários para a execução bem-sucedida das atividades planejadas.

9.4. Primeiros robôs

O primeiro robô entregue foi durante o período de treinamento de desenvolvimento de *Robotic Process Automation* (RPA). Nosso supervisor fiscal nos procurou com uma demanda urgente, referente a uma notificação que tínhamos que responder com aproximadamente 10.000 documentos que precisariam ser buscados em um site externo e que demandaria um trabalho manual absurdo, gerando horas extras, pois o prazo para cumprimento era curto. Em cerca de duas horas tínhamos o *script* pronto e rodando em ambiente de desenvolvimento.

Após o excelente resultado entregue nesse projeto e o sucesso desse caso, tornou-se uma tarefa fácil engajar as demais áreas sobre a notável oportunidade de reduzir significativamente a carga de trabalhos repetitivos e ganhar produtividade. O marco inicial desse empreendimento revelou-se com o lançamento de um projeto pioneiro, consistindo na automação abrangente da coleta de oportunidades de cotação de produtos de diversos sites. Anteriormente, quando um novo cliente em potencial entrava em contato com a equipe da GAM Distribuidora em busca de informações sobre os preços dos produtos, um membro da equipe dedicava 70% do seu tempo na busca de dados em diferentes sites. Hoje em dia um robô realiza essa tarefa de pesquisa de forma contínua e eficiente, respondendo prontamente às solicitações e encaminhando as informações pertinentes para a equipe humana. Como resultado, os potenciais clientes obtêm as informações necessárias de maneira consideravelmente mais rápida, gerando uma melhoria notável na qualidade do serviço prestado.

A GAM também melhorou seu processo de integração de clientes. Antes dos colaboradores digitais, quatro a cinco pessoas passavam 1 hora cada coletando informações para qualificar um novo cliente. Hoje, um robô lida com essa tarefa, liberando até cinco horas no tempo da equipe, todos os dias. Agora, em vez de preencher formulários, a equipe pode se concentrar no gerenciamento de clientes.

A empresa ganhou um terceiro benefício em sua cobrança de certidões negativas de impostos, chamadas CNDs. Exigidas pela legislação brasileira, essas certidões comprovam que uma empresa paga tributos federais, estaduais e municipais em dia. Um *bot* agora coleta os certificados CND, o que garante que o GAM sempre tenha documentos válidos em arquivo.

Rapidamente nosso time identificou outras tarefas repetitivas dentro de suas áreas, e, em seguida, criamos *bots* para executar essas funções específicas. No primeiro ano de projeto (2019), 12 pessoas estavam utilizando processos robóticos e 15 estavam em treinamento.

Em cerca de 12 meses, conseguimos automatizar cerca de vinte tarefas. Os *bots* trabalham perfeitamente com sites, planilhas e aplicativos de ERP da empresa.

Conseguimos gerar uma economia de R$ 120 mil por ano nos salários dos funcionários por conta dessas automações iniciais. Não geramos demissão, mas conseguimos expandir e colocar os funcionários em atividades que geram mais valor.

9.5. Consolidação da área

Após testemunhar os benefícios inegáveis da automação em um único processo, o departamento presenciou um crescimento progressivo e notável em seus resultados. A operação atualmente é impulsionada por **155 robôs**, responsáveis por executar um impressionante total de **2.596 horas** por mês em uma ampla gama de atividades, abrangendo desde tarefas financeiras até operações comerciais e de recursos humanos. A magnitude desses números logo evidenciou a necessidade imperativa de estabelecer um Centro de Excelência (CoE) híbrido, com o objetivo fundamental de manter as operações existentes e identificar novas oportunidades de automação.

9.6. Time de automações

- ✓ Desenvolvimento e sustentação
- ✓ Novas demandas, projetos e expansões
- ✓ Gestão de mudanças
- ✓ Análise de riscos e plano de continuidade das operações
- ✓ Painéis de indicadores das operações robotizadas
- ✓ Documentação dos processos
- ✓ Trabalho constante de comunicação com gestores e times funcionais sobre as evoluções das automações
- ✓ Reforço e apoio organizacional para desenvolvimento dos colaboradores

9.7. Time de negócios

- ✓ Desenvolvimento, com supervisão do time exclusivo
- ✓ Documentação dos processos
- ✓ Novas demandas dentro da sua área de atuação

Foi possível então obter os seguintes benefícios na implementação de um CoE hibrído:

+
Maior agilidade para automação
Limites operacionais
Maior controle nas execuções

−
Complexidade no gerenciamento
Dificuldade na garantia da qualidade

10. Melhoria na satisfação com RPA no TJBA

Patrícia Leite Silva

10.1. Apresentação

O Tribunal de Justiça da Bahia tem jurisdição em todo o Estado e é a instância mais elevada do Judiciário Estadual. Composto atualmente por 66 desembargadores, tem sede no Centro Administrativo da Bahia, em Salvador.

O TJBA possui uma central de serviços gerenciada pela Solutis Tecnologias Ltda., que possui como modelo de negócio o centro de serviços compartilhados atuando em todo o Estado da Bahia com atendimentos remotos e presenciais com os principais objetivos pautados em: ganho produtivo, padronização de processos, melhoria de controles e atenção aos colaboradores e usuários de seus serviços.

Essa centralização dos serviços de atendimento como vitrine do TJBA apresenta um grande volume de demandas jurídicas dispersas nos mais diversos ramos dentro da área. Com uma visão mais analítica de seu negócio e objetivando atender melhor ao seu público, este *case* visa mostrar a jornada RPA estruturada e iniciada, apresentando alguns de seus processos diários, seus desafios, aprovação e comprovação de resultados iniciais com a mudança de cultura.

10.2. Desafios

Iniciada conversa de conscientização em 2021 pela colaboradora Patrícia Leite, da terceirizada Solutis Tecnologias Ltda., enquanto Coordenação da Central de Serviços Compartilhados do TJBA, foram sendo apresentadas possibilidades de melhorias no atendimento utilizando a automação nos ramos tanto de entrada e/ou saída com o objetivo de suprir a demanda crescente, além de proporcionar atendimento mais rápido e dinâmico.

Em 2022 foi feito um trabalho de apresentação de volume de demandas repetitivas e volumosas que levavam um tempo para execução e entrega aos servidores e usuários finais do TJBA, impactando em prazos jurídicos e insatisfações. Observou-se que essa demora estava ligada principalmente ao trabalho repetitivo e que, muitas vezes, era "rebatido" pelos advogados através de processos administrativos, ora pelo cadastramento errôneo ou demora na entrega do serviço. Seguem itens macros elencados para aceitação que totalizavam 16 serviços de demandas de impacto inicial:

1. PROJUDI
2. Conectividade
3. Tratamento e solução de fornecedores internos e externos

No fim de 2022, o TJBA aceitou e começou-se a colocar em prática uma vontade antiga de iniciar o processo de automatização de atividades diárias do atendimento para ganhar agilidade na resposta e objetividade na entrega. Assim, foi iniciada a jornada através dos seguintes passos:

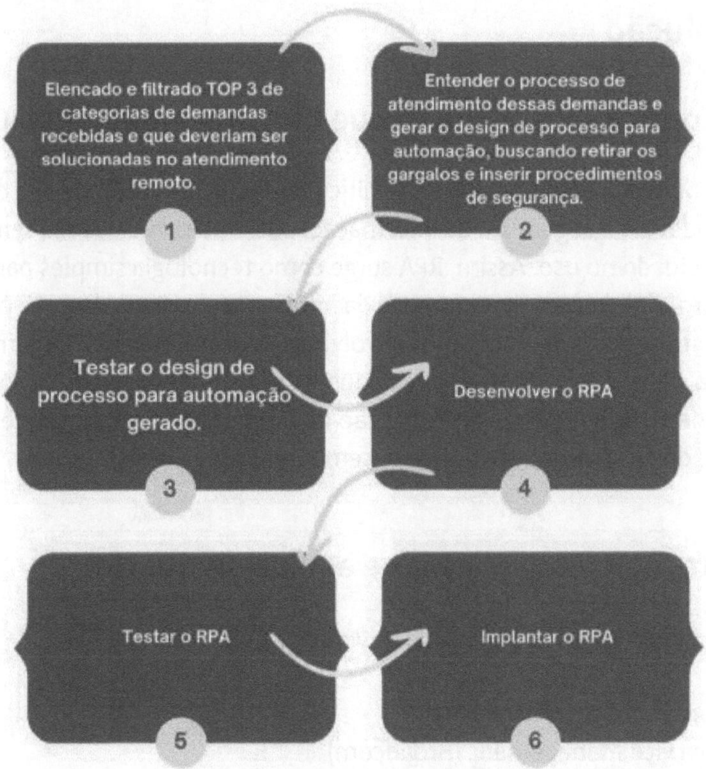

Figura 6. Passos da jornada de automação.
Fonte: a autora.

O primeiro robô foi implantado em janeiro de 2023, levando dois meses nos passos elencados anteriormente, sendo acompanhado diariamente e gerando resultados através da garantia de segurança e respostas rápidas, e, assim, foi-se evoluindo para cada um dos elencados. Observada uma "cara" nova para a Central de Serviços Compartilhados, as RPAs foram desenvolvidas utilizando passos de aprimoramento processual para melhores entregas.

Essa ação foi muito importante principalmente por mostrar o quão imprescindível é valorizar a estruturação processual e verificar os gargalos. Com isso, continuou-se a entrega de resultados ao longo do ano de 2023. Com a satisfação e a melhoria, está habilitada para o ano de 2024 a ampliação do escopo, com foco em melhorias em várias frentes.

Nesse momento, estamos atuando com RPA não assistida. Está em análise e estudo a RPA autônoma, visando a RPA cognitiva.

10.3. Solução

10.3.1. Como foi identificado que RPA era a melhor solução?

A escolha por RPA se deu por conta das dificuldades de liberação de uso de API, principalmente devido à segurança da informação, pois utilizam-se dados sensíveis e que requerem cuidado no uso. Assim, RPA surge como tecnologia simples para uso e que atua com um aval da área de segurança da informação, principalmente por conta de acessos dentro do ambiente. Foram envolvidas as áreas de suporte, infraestrutura, governança e negócios. Dessa forma, consegue-se entregar melhor com o menor impacto e necessidade de conscientização de um público muito grande e exigente: advogados, delegatários, servidores (desembargadores, juízes).

10.3.2. Tecnologias aplicadas e equipe diferencial

Utilizamos as tecnologias destacadas a seguir:

- ✓ Automation Anywhere
- ✓ CA Service Management (Broadcom)
- ✓ Linguagem Python para apoiar em alguns fluxos

Através de um time enxuto da Solutis Tecnologias, o *squad* foi composto por:

- ✓ Quatro pessoas responsáveis pelo produto e pela gestão de área, liderança de equipe, design e desenvolvimento da RPA.
- ✓ Três pessoas responsáveis por liderança de operação, suporte e sustentação das automações, entre aprovação do teste até acompanhamento diário, envio de *reports* e efetividade da atuação da RPA.

10.3.3. Como funciona a RPA dentro do TJBA?

- ✓ **PROJUDI:** também chamado de CNJ, é um software de processo eletrônico mantido pelo Conselho Nacional de Justiça e em franca expansão por todos os estados do Brasil. Essas automações são responsáveis pela entrega de **permissão de acesso, desbloqueio de acesso, habilitação para distribuição de carta precatória** e foram desenvolvidas em Automation Anywhere. Consistem em:
  - **Leitura pela RPA em quatro horas distintas da fila de atendimento**, identificando os processos a partir do ID da categoria de cada item.
  - Para cada item há uma entrada padronizada feita por advogados e/ou delegatários através de uma página *web* que fará a entrada no ITSM de forma organizada, trazendo os dados necessários de acordo com o item solicitado.
  - A **RPA faz a checagem de segurança** do CPF através da página da Receita Federal para quem será cadastrado ou desbloqueado e verifica o número da OAB através da página da OAB.
  - Caso seja identificada divergência de informações, a **RPA tira uma fotografia da tela** e a adiciona em anexo ao chamado aberto, retornando via e-mail para o solicitante advogado ou delegatário.
  - Caso esteja OK a checagem de segurança, a **RPA procede com a execução** do item solicitado dentro do PROJUDI.
  - Ao finalizar a execução, a **RPA anexa e retorna** via e-mail para o advogado ou delegatário.
  - **A RPA soluciona** o chamado e envia a pesquisa de satisfação.
- ✓ **Conectividade:** essas automações são responsáveis pela entrega de **criação de *login*, *reset* de senha, permissão de acesso ao CA Manager** – com exceção do *reset* de senha, que foi desenvolvido no módulo RPA do CA Service Management, a criação e permissão de acesso ao CA Manager foram desenvolvidos no Automation Anywhere e consistem em:
  - Para criação de *login* de rede e CA:
    - ◊ **Leitura pela RPA em quatro horas distintas da fila de atendimento,** identificando os processos a partir do ID da categoria de cada item.

  - ◊ Para cada item há uma entrada padronizada feita por servidores, juízes, desembargadores, terceirizados e estagiários do TJBA através de *chatbot*, telefone ou portal de atendimento, trazendo os dados necessários de acordo com o item solicitado.
  - ◊ A **RPA executa demanda** via acesso direto ao *Active Directory*.
  - ◊ A **RPA retorna ao solicitante** via chamado e e-mail quanto à execução.
  - ◊ **A RPA soluciona** o chamado e envia a pesquisa de satisfação.
- Para *reset* de senha:
  - ◊ Para o item, há uma entrada padronizada feita por servidores, juízes, desembargadores, terceirizados e estagiários do TJBA através de *chatbot*, telefone ou portal de atendimento, trazendo os dados necessários de acordo com o item solicitado e que pode ser feito por quaisquer pessoas que tenham acesso ao TJBA que estejam liberados para essa solicitação.
  - ◊ **A RPA lê a demanda** recebida via chamado e verifica se os itens necessários estão preenchidos.
  - ◊ **A RPA executa** o procedimento de *reset* de senha.
  - ◊ **A RPA retorna** para o solicitante através do e-mail informado.
  - ◊ **A RPA soluciona** o chamado e envia a pesquisa de satisfação.

Obs.: não há incidente de segurança, pois cada pessoa que recebe o e-mail só poderá acessar depois de validar o acesso recebido no sistema de RH.

✓ **Tratamento e solução de fornecedores internos e externos:** essas automações são responsáveis por entregar nove itens de serviço entre tratamento e cobrança de fornecedores externos, assim como solicitações de itens para fornecedores internos do TJBA. Todos foram desenvolvidos em Automation Anywhere e consistem em:

- **Leitura pela RPA em três horas distintas da fila de atendimento**, identificando os processos a partir do ID da categoria de cada item.
- Para cada item há uma entrada padronizada feita por servidores, juízes, desembargadores, terceirizados e estagiários do TJBA através do *chatbot*, telefone ou portal de atendimento, trazendo os dados necessários de acordo com o item solicitado.
- **A RPA lê a demanda** recebida via chamado e verifica se os itens necessários estão preenchidos.
- **A RPA executa** os procedimentos de acordo com o item e o fornecedor solicitado, que é identificado via ID de categoria de chamado.
- **A RPA retorna** para o solicitante através do e-mail informado.
- **A RPA soluciona** o chamado e envia a pesquisa de satisfação.

Obs.: para os processos de fornecedores externos, o RPA faz a cobrança uma vez ao dia, totalizando três cobranças no total antes de notificar ao gestor responsável o não atendimento.

Essas automações feitas ao longo do ano de 2023 foram muito importantes para a vitrine do TJBA, possibilitando benefícios como:

- ✓ Padronização de atendimento
- ✓ Checagem de segurança de dados
- ✓ Aumento de produtividade
- ✓ Respostas mais rápidas para o público

10.4. Resultados

10.4.1. Como a solução de RPA trouxe benefícios para o TJBA?

- ✓ **PROJUDI:**
  - A média de atendimento feita pelo humano em cada item era de 25 a 30 minutos por solicitação. Com o uso de RPA, o tempo de execução da demanda é de 5 minutos e 25 segundos por solicitação.
  - Uma solicitação via chamado tem o SLA de 16h e estava com o TMA (Tempo Médio de Atendimento) em 9h30min. Com o uso de RPA, o TMA está em 2h.
- ✓ **Conectividade:**
  - A média de atendimento feita pelo humano em cada item era de 10 a 20 minutos por solicitação, a depender do item. Com o uso de RPA, o tempo de execução da demanda é de 2 minutos e 10 segundos por solicitação no caso das criações de acesso AD e CA. Para *reset* de senha, a solução é imediata, com retorno por e-mail.
  - Uma solicitação via chamado tem o SLA de 8h e estava com o TMA em até 7h10min. Com o uso de RPA, o TMA para as criações está em 1h30min.
- ✓ **Tratamento e solução de fornecedores internos e externos:**
  - A média de atendimento feita pelo humano em cada item era de 15 a 20 minutos por solicitação. Com o uso de RPA, o tempo de execução da demanda é de 2 minutos e 45 segundos por solicitação.
  - Uma solicitação via chamado tem o SLA de 8h ou 16h e estava com o TMA médio de 10h. Com o uso de RPA, o TMA está em 4h.

10.4.2. Quais os resultados obtidos?

A evolução inicialmente foi percebida quanto ao retorno dos usuários no que tange à melhoria no tempo de respostas. Com a evolução das entregas, foi percebido o aumento no volume de demandas, impactando principalmente na força de trabalho manual que antes era empregada somente para resolução dessas demandas e que atualmente foi migrada para outras demandas de análises e crescimento de carreira ou que ainda estão em design de processo para automação.

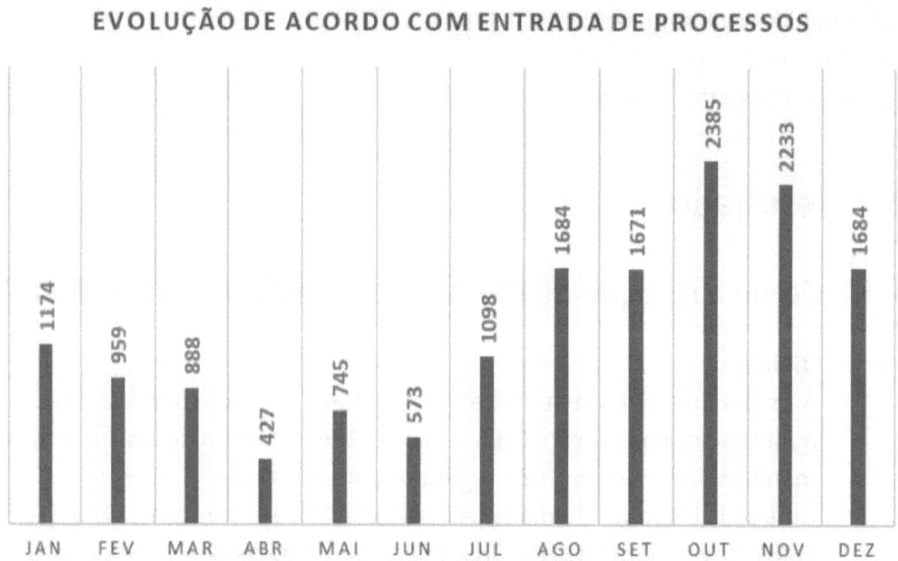

Figura 7. Gráfico de evolução das automações.
Fonte: a autora.

Observa-se que há um aumento percentual no volume de demandas solucionadas de acordo com o total recebido para solução do atendimento remoto que iniciou em janeiro, com 9,4% das demandas sendo resolvidas via RPA, e finalizou o ano em 17,94% das demandas sendo resolvidas via RPA. No mês de dezembro houve uma diminuição em virtude do recesso iniciado em 18/12. Neste caso, seria um volume ainda maior.

Figura 8. Gráfico de evolução do uso de RPA.
Fonte: a autora.

O gráfico anterior demonstra o percentual de uso mensal do RPA do volume total de demanda da área de Atendimento. Assim, estimou-se o redirecionamento de colaboradores para outras áreas de atuação:

Tabela 2. Redirecionamento de colaboradores.
Fonte: a autora.

ÁREA	QUANT. DE PESSOAL	ESTIMADO DIMENSIONAMENTO	EXECUTADO DIMENSIONAMENTO
Primeiro atendimento	22	20	18
Atendimento especializado	8	6	4

10.5. *Feedback* do cliente

Feita a análise do ano e apresentada ao cliente, foi definida a continuação da evolução, além de elencados mais serviços para que em 2024 possa-se ampliar a gama de categorias resolvidas via automação. A estimativa feita, conforme imagem a seguir, é que no meio do ano esteja em quase 30% do volume das demandas.

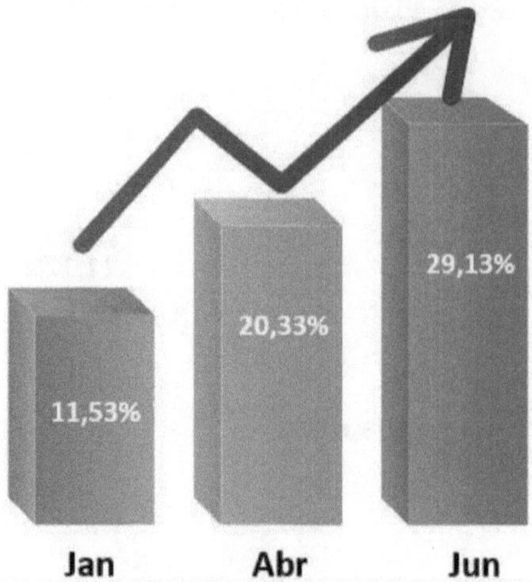

Figura 9. Volume de demandas.
Fonte: a autora.

11. Automação com RPA na Laticínios Tirol

Fábio Moura
Breno Bem
Gisele Chaves

A Selbetti Tecnologia S.A. é uma empresa de tecnologia com mais de quatro décadas de atuação sediada em Joinville/SC e com filiais nas principais capitais e abrangência nacional. Desde a origem do seu nome (junção do sobrenome dos fundadores Selbach com a marca de equipamentos Olivetti), tem em seu DNA o uso de tecnologia para melhoria e automatização de processos. No passado, fornecia produtos como máquinas de escrever, máquinas registradoras, máquinas de calcular, telex, fax. Atualmente, são equipamentos multifuncionais para impressão, computadores, *notebooks*, celulares e *tablets*, facilitando o dia a dia e levando inovação para os clientes.

Em meados dos anos 2000, iniciou com o desenvolvimento de software. Inicialmente trazia soluções ligadas ao processo de impressão de documentos que até hoje é um dos focos da empresa, junto com GED (Gerenciamento Eletrônico de Documentos) e BPM (*Business Process Management*).

Com mais de 10 anos de expertise em mapeamento e automatização de processos, muitos projetos implantados e contando com um time de consultores especializados, visualizou a oportunidade de aprimorar e automatizar ainda mais os processos de seus clientes. Diante dessa necessidade, nasceu a RPA Satelitti, que permitiu maior flexibilidade, otimização dos processos e automatização de tarefas repetitivas, que até então não era possível somente com a metodologia BPM.

RPA Satelitti possibilita interagir com diversos sistemas e plataformas de forma mais rápida e fácil. Evitando o desenvolvimento de APIs ou outros meios de comunicação para integração entre sistemas, também permite mesclar os robôs RPA Satelitti com a ferramenta já existente de BPM (SmartShare).

A cada início de projeto é comum as pessoas terem certo receio de RPA, de desapegar das tarefas que são feitas diariamente. Porém, após o primeiro robô em funcionamento, já vislumbram novas atividades a serem automatizadas, sendo criados robôs e mais robôs para atender a todo tipo de demanda – sejam mais simples como a extração de um relatório ou envio de um e-mail até atividades mais complexas e críticas para o negócio, como, por exemplo, as tarefas financeiras ou de processos do *core business* de cada cliente.

Com RPA Satelitti, em cada levantamento de escopo conseguimos demonstrar o ROI (*Return on Investment*) positivo, viabilizando a implantação do projeto e diminuindo muitas horas de trabalho repetitivo para que as pessoas foquem no que é estratégico para seus negócios e otimizem cada vez mais seus processos.

Breno Bem (Selbetti Tecnologia – Coordenador Consultoria e Suporte)

11.1. A visão do cliente

A Lacticínios Tirol Ltda. foi fundada em 1974 na cidade de Treze Tílias/SC, cujo negócio é "alimentar com sabor e saúde". Com base nessa visão de negócio, um dos principais pilares da empresa é a qualidade dos produtos, que, por sua vez, é determinada principalmente pela qualidade da sua principal matéria-prima, o leite.

O leite é uma matéria-prima muito sensível e começa a perder qualidade no momento em que é coletado na propriedade rural. Portanto, quanto mais rápido ele chega na indústria e for processado, melhor será o resultado do produto final.

Para garantir um produto de qualidade na mesa do consumidor, a Tirol busca constantemente a melhoria em seus processos e controles, e garantia de qualidade foi uma premissa importante utilizada para a escolha do primeiro processo a ser automatizado. Além disso, foram levados em consideração também outros critérios, como processos volumosos, repetitivos e que, por serem executados de forma manual, abriam a possibilidade de erro de lançamento por parte do usuário, ocasionando retrabalho.

Com base nas premissas estabelecidas, o processo escolhido para iniciar os trabalhos de automação foi o de entrada de transferências de leite cru recebido dos postos de coleta, na indústria. Esse processo consiste, resumidamente, no recebimento do caminhão na portaria da empresa, na pesagem da carga na balança rodoviária, no lançamento do peso da mercadoria em sistema, no lançamento da nota fiscal de transferência, no lançamento do conhecimento de transporte, no lançamento das análises de qualidade do produto recebido e no registro da saída da mercadoria.

A principal dificuldade enfrentada durante o projeto foi a adesão da equipe à ideia de automação – sempre existe um receio de que a pessoa será substituída pelo "robô" e perderá o trabalho. É importante deixar a equipe ciente de que a automação vem para tirar o usuário do trabalho repetitivo e monótono para alocá-lo em uma atividade mais estratégica e de maior valor agregado.

Durante o projeto se percebeu também que é muito importante a revisão do fluxo do processo a ser automatizado. Muitas vezes o processo manual pode ser realizado de várias maneiras e suas etapas podem ser feitas em ordens diferentes. No entanto, antes iniciar a configuração do processo é importante definir o melhor fluxo para a automação. Isso proporciona uma redução tanto no tempo de configuração quanto no tempo de execução do processo no dia a dia na empresa.

Por fim, os resultados obtidos com a automação desse primeiro processo foram: redução de tempo gasto pelo usuário na atividade, redução de erros e retrabalhos e redução do tempo que a matéria-prima fica em trânsito. Identificou-se uma melhora no clima organizacional, tanto no setor impactado (pois ao deixarem de realizar atividades repetitivas tiveram a oportunidade de aprender e se dedicar a novas tarefas) quanto no relacionamento com os setores usuários das informações, que passaram a receber essas informações corretas, de forma padronizada e mais rapidamente. O resultado positivo gerado eliminou a desconfiança inicial que se tinha na empresa em relação a automações e fez com que outros setores se interessassem pela solução e passassem a demandar a ferramenta para melhorias em seus processos também.

Gisele Chaves (Laticínios Tirol – Auditoria Interna)

11.2. Contextualização

11.2.1. A prova de conceito

Em maio de 2022, deu-se início a um projeto na empresa Tirol, uma reconhecida indústria alimentícia especializada no segmento lácteo, estabelecida em 1974 na cidade de Treze Tílias/SC, situada no oeste do estado de Santa Catarina.

O foco do projeto centrou-se na área de Recursos Humanos, especificamente na tarefa de geração e envio semanal de relatórios denominados "Ponto – Inconsistências" para os coordenadores de distintas áreas da empresa. Havia uma estimativa de 25 coordenadores, implicando na geração e no envio de 25 relatórios diferentes para 25 endereços de e-mail distintos.

Uma análise revelou que um colaborador da empresa consumia o seguinte tempo anual com essa atividade:

25(relatorios) × 5(minutos) × 4(semanas) × 12(meses) = 6.000 minutos

Ou seja, 100 horas de trabalho eram alocadas exclusivamente a esta tarefa durante um ano. Em termos de dias úteis, correspondia a 12,5 dias ou aproximadamente duas semanas de trabalho em um ano, considerando apenas este processo.

Surge, então, um questionamento pertinente: "a introdução de um robô ou sistema automatizado não implicaria também em um tempo de execução?". A resposta é afirmativa. Contudo, antes de qualquer implementação, é imperativo avaliar se o processo é passível de automatização. Essa decisão dependerá estritamente da análise dos pré-requisitos e dos resultados dos testes iniciais que serão realizados.

Lição aprendida:

Não subestime o processo a ser automatizado, mesmo que, à primeira vista, ele pareça simples de ser realizado.

Antes de abordar os desafios identificados, é necessário verificar com o cliente os requisitos mínimos para prosseguimento da prova de conceito. É nesse contexto que nos aprofundaremos a seguir.

11.2.2. Pré-requisitos para implementação de RPA para a referida PoC

- ✓ **Dispositivo dedicado para RPA:** é imperativo que a máquina designada para RPA, seja física ou virtual, não seja utilizada por nenhum outro processo ou indivíduo. Isso se deve ao fato de que o robô replicará muitas das ações que um ser humano executaria. Em diversas ocasiões, tarefas que são executadas manualmente podem ser realizadas de maneira diversa pelo robô. Nesse contexto, é fundamental a interação com os executantes dos processos. Frequentemente, ao analisar procedimentos existentes, é possível se deparar com afirmações como "sempre fizemos assim" ou "apenas esta abordagem é possível". Durante essas discussões, é essencial discernir se a comunicação está sendo feita com o colaborador adequado. Em algumas situações, o interlocutor mais apropriado pode ser um supervisor, um colega ou um profissional da área de TI.

- ✓ **Credenciais com privilégios administrativos:** o software de RPA atua em um nível fundamental, necessitando, portanto, de acesso administrativo para garantir a execução ininterrupta de todas as tarefas. A ausência desse acesso pode comprometer a eficácia do processo de automação.
- ✓ **Instalação do sistema de gestão de RH:** é fundamental que todos os sistemas e aplicativos com os quais a RPA interagirá estejam instalados na máquina designada.
- ✓ **Acesso ao sistema de gestão de RH – controle de ponto e refeitório:** para garantir uma operação eficiente, o robô deve ter os mesmos privilégios e acessos que um operador humano.
- ✓ **Lista de lotes e endereços de e-mail para envio:** para este projeto, a relação foi providenciada através de uma planilha Excel. Dessa forma, a presença do software Excel tornou-se essencial para que a RPA pudesse processar o arquivo em questão.

> **Lição aprendida:**
>
> **Receber uma negativa sobre a capacidade de aprimoramento de um processo pode não ser a abordagem mais apropriada. Profissionais familiarizados com o setor de Qualidade compreenderão a essência deste princípio: "todo processo possui espaço para melhoria". Esse conceito é conhecido como "melhoria contínua".**

11.2.3. A execução da PoC

Desafio técnico identificado:

Após a pronta colaboração da Tirol para atendimento aos requisitos, o processo parecia estar sob controle. Contudo, foi então que nos confrontamos com um obstáculo inesperado: o sistema de gestão de RH não estava baseado em plataformas *web* ou Windows, mas em Java. Nossa ferramenta de RPA tem a capacidade de mapear elementos "surface" – isto é, baseados em imagens que podem ser reconhecidas e com as quais se pode interagir com o auxílio de inteligência artificial. Esta técnica emergiu como uma opção viável para a construção de uma porção do processo.

Solução proposta:
Ao examinar o sistema, notamos que os desenvolvedores haviam implementado uma série de atalhos via combinações de teclas. Esses atalhos, sob a perspectiva da automação, mostraram-se extremamente valiosos para a tarefa em mãos. Nesse contexto, a expertise em MS-DOS, adquirida anteriormente, mostrou-se crucial. Conseguimos, assim, empregar diversos comandos combinados, como sequências de teclas como Alt, Ctrl, entre outras. Com essas estratégias, elaboramos uma solução e a apresentamos como a prova de conceito, que foi posteriormente testada e validada pelo cliente.

11.3. Primeiro processo oficial Tirol: Tancão – entrada e saída de leite cru (portaria)

Cenário atual:
Na portaria da Tirol, o processo de pesagem de entrada do caminhão de leite, conhecido como "Tancão", era realizado manualmente. A equipe da portaria emitia um *ticket* em papel referente ao peso registrado na balança e o anexava à nota fiscal fornecida pelo motorista. Posteriormente, o operador da portaria inseria manualmente no sistema os detalhes da nota fiscal, bem como os dados contidos no *ticket* de papel, registrando assim a entrada do caminhão em questão. Após a conclusão dessa etapa, o veículo era então descarregado e retornava para o processo de saída. Esse processo compreendia a verificação do status do caminhão no sistema, a impressão de um novo *ticket* de peso da balança e a inserção do peso de saída no sistema, permitindo, por fim, a liberação do caminhão.

Cenário proposto:
Propõe-se a implementação de um robô que realizará a leitura dos dados da balança por meio de um *ticket* de peso de entrada digitalizado utilizando a tecnologia OCR. Adicionalmente, o sistema fará uma consulta automática das informações contidas na nota fiscal do caminhão por meio de uma integração com o banco de dados. Isso será efetuado após o operador inserir o número da Ficha de Coleta, informação presente na nota fiscal fornecida pelo motorista. Depois dessa etapa, o robô inserirá todos esses dados no sistema, autorizando a entrada do veículo. Após a conclusão dessa fase, o sistema robótico verificará o status de liberação, registrará o peso de saída do caminhão e então procederá à sua liberação para partida.

11.3.1. Entendimento do processo

Durante a avaliação inicial, atentamo-nos rigorosamente a todas as atividades desempenhadas pelo operador. Rapidamente surgiram diversas indagações, algumas essenciais para a automação do processo e outras para uma compreensão abrangente da operação em sua totalidade.

Uma questão que emergiu foi a forma como a correspondência entre a placa do caminhão indicada na nota fiscal pelo motorista e a placa real do caminhão era estabelecida. Questionamo-nos se havia uma câmera focada na placa ou um monitor para o operador verificar internamente na portaria. Consideramos também a possibilidade de um sistema de reconhecimento por OCR, similar aos sistemas utilizados em radares de trânsito. Contudo, não identificamos nenhuma dessas soluções, intensificando a incerteza.

Para a automatização básica do processo, a correspondência exata da placa poderia não ser essencial, dado que apenas o número da remessa era requerido para acessar todos os dados no sistema ERP da empresa, que opera com base no SAP. No entanto, vislumbramos uma potencial melhoria no processo, consolidando um aprendizado anterior. Foi nesse ponto que examinamos detalhadamente o *ticket* de pesagem da balança e constatamos que a placa do caminhão estava devidamente registrada no recibo.

Uma informação relevante que obtivemos é que cada caminhão possui um *transponder* com seus dados. Durante a pesagem, essas informações são transmitidas via rádio para o sistema da balança. Entretanto, embora os dados do caminhão estivessem acessíveis via *transponder* e fossem enviados ao sistema da balança, não havia uma integração estabelecida entre o sistema da balança e o SAP. Isso resultava em um processo majoritariamente manual, necessitando leitura e inserção de dados. Portanto, nosso principal desafio residiu em integrar esses dois sistemas, usando a ferramenta RPA como mediadora e validadora de todas as informações obtidas.

11.3.2. Estratégia: migrando da digitalização do *ticket* para a consulta ao banco de dados

Durante nossa análise, identificamos uma oportunidade significativa: se a impressora do *ticket* em papel estava habilitada para receber dados automaticamente, nossa solução RPA também deveria estar. A solução? Através da consulta direta ao banco de dados. Felizmente, o representante responsável pelo banco de dados da Tirol estava presente, permitindo que definíssemos detalhes de acesso e a instrução SQL necessária para recuperar as informações desejadas.

Com essa estratégia em vista, decidimos abandonar o uso dos *tickets* em papel e a captura de informações a partir de *tickets* digitalizados via OCR, o que eliminaria potenciais erros de leitura. Esse foi um marco importante em nossa estratégia.

Desafio dessa estratégia:
Constatamos que a consulta ao banco de dados fornecia informações de duas balanças, não apenas uma. Portanto, decidimos que a solução RPA não deveria questionar o operador sobre se o caminhão estava entrando ou saindo, nem se estava posicionado na balança 1 ou 2.

Desafio da identificação automática da balança e posição do caminhão:
Para determinar qual balança estava sendo usada e a direção do caminhão (entrada ou saída), foi necessário desenvolver uma lógica que não envolvesse a intervenção humana. Usando o número da remessa contido na nota fiscal, obtivemos a "Placa do Caminhão". Ao cruzar esses dados com as informações das balanças, conseguimos limitar a consulta e determinar o "Peso de Entrada".

O obstáculo subsequente era discernir automaticamente a posição do caminhão. Após uma pausa reflexiva, percebeu-se que o caminhão mudava de status no sistema a cada movimento. Assim, uma solução foi buscar esse status diretamente no sistema SAP. Entretanto, o acesso direto ao banco de dados SAP não era viável. A alternativa encontrada foi usar uma transação chamada "DB2" para obter os dados e exportá-los para um arquivo XLSX, permitindo que o robô determinasse a direção do caminhão com base em seu status.

Finalmente, um desafio adicional surgiu: a necessidade de capturar um número de processo no sistema SAP, que era apenas uma imagem. Em vez de confiar em um reconhecimento de texto potencialmente impreciso, optou-se por tirar uma captura de tela e enviá-la por e-mail ao operador da portaria, juntamente com todos os dados relevantes utilizados no processo daquele referido caminhão. Dessa forma, o desafio foi superado.

11.3.3. Resultados alcançados

Considerando a entrada e a saída de em média 40 caminhões por dia, faremos o seguinte cálculo:

Processo manual de entrada: 5 minutos (ou 300 segundos).

Processo manual de saída: 2 minutos (ou 120 segundos).

Processo manual (totalização):

40 (entradas) x 300 (segundos) x 20 (dias úteis) = 240.000 segundos ou 4.000 minutos ou 67 horas ou 8 dias trabalhados por mês ou 100 dias trabalhados por ano.

40 (saídas) x 120 (segundos) x 20 (dias úteis) = 96.000 segundos ou 1.600 minutos ou 27 horas ou 3,3 dias trabalhados por mês ou 40 dias trabalhados por ano.

Total geral: [ENTRADAS] (8 dias trabalhados por mês ou 100 dias trabalhados por ano) + [SAÍDAS] (3,3 dias trabalhados por mês ou 40 dias trabalhados por ano) = <u>11,3 dias trabalhados por mês ou 140 dias trabalhados por ano</u>.

Processo automático de entrada: 30 segundos.

Processo automático de saída: 15 segundos.

Processo automático (totalização):

40 (entradas) x 30 (segundos) x 20 (dias úteis) = 24.000 segundos ou 400 minutos ou 7 horas ou 0,8 dia trabalhado por mês ou 10 dias trabalhados por ano.

40 (saídas) x 15 (segundos) x 20 (dias úteis) = 12.000 segundos ou 200 minutos ou 3 horas ou 0,4 dia trabalhado por mês ou 5 dias trabalhados por ano.

Total geral: [ENTRADAS] (0,8 dia trabalhado por mês ou 10 dias trabalhados por ano) + [SAÍDAS] (0,4 dia trabalhado por mês ou 5 dias trabalhados por ano) = <u>1,2 dias trabalhados por mês ou 15 dias trabalhados por ano</u>.

Comparativo

Tabela 3. Quadro comparativo.
Fonte: os autores.

Dias trabalhados	Processo manual	Processo automatizado	Eficiência (dias)	Eficiência (%)
Mês	11,3	1,2	-10,1	89%
Ano	140	5	-135	96%

Observe que o processo manual custa para a empresa 11 dias trabalhados por mês, enquanto o processo automático custa apenas 1, uma redução de 10 dias trabalhados por mês, o que é metade de uma jornada mensal de 20 dias úteis, com uma redução na casa de 89%.

Quando olhamos para a métrica anual, os dados se acentuam ainda mais: de 140 dias trabalhadas no ano, passamos para apenas 5 dias no processo automático, resultando numa redução de 135 dias ou incríveis 96% de redução de horas trabalhadas!

Acuracidade

Além dos dados supracitados, ainda temos que levar em consideração um ponto não menos importante que é a precisão dos dados manipulados.

No processo manual, temos a possibilidade de erro de digitação na transposição dos dados impressos para o sistema.

No processo automático, essa possibilidade deixa de existir, isto é, é possível criar mecanismos de validação para os dados manipulados e conferir se de fato são aqueles que estão fisicamente e logicamente presentes.

Uma boa prática

A RPA Satelitti possui opção de método de construção de processo de RPA com base em notação BPMN.

Isso pode ser um grande facilitador para que as áreas de negócio sejam engajadas em participar do processo não só de mapeamento dos processos a serem automatizados, mas também da própria construção da automatização.

Conclusão

A formação dos "RPA Constructors", ou seja, dos desenvolvedores de RPA, pode ser humanizada com a utilização da notação BPMN nos processos.

Olhando por esse lado, isso pode ser uma grande mola propulsora para contagiar as áreas de negócio a fim de automatizar seus processos de forma muito mais acessível e amigável, agregando conhecimento a essas áreas.

Utilizando outros métodos de construção, deixando em segundo plano o *no code* e o *low code*, essas áreas de negócio podem ficar muito dependentes de áreas mais voltadas à TI, ou até mesmo à consultoria dada por empresas especializadas, podendo assim encarecer o pós-venda e o suporte da solução escolhida.

12. O desafio da Silver Airways

Allexey Bernacchi

Durante a pandemia, o setor da aviação enfrentou desafios sem precedentes, com uma acentuada queda na demanda de viagens e restrições severas às operações. Nesse contexto singular, a companhia aérea Silver Airways buscava estratégias inovadoras para impulsionar seu crescimento. Neste capítulo vamos conhecer como a Silver Airways economiza 13.000 horas anuais com automação de processos.

A Silver Airways é uma companhia aérea dos Estados Unidos que opera voos para diversos destinos, principalmente nas regiões da Flórida, Bahamas e outras localidades no sudeste do país. Além de seus voos regionais, a empresa tem se destacado nos últimos anos por ingressar no mercado de transporte de cargas, oferecendo serviços para empresas de comércio, incluindo gigantes como a Amazon.

Diante do desafio de expandir suas operações nesse cenário complexo, a liderança da Silver Airways buscava soluções inovadoras que pudessem impulsionar seu negócio. Assim, ao receber uma recomendação sobre os serviços de automação fornecidos pela Smarthis, eles decidiram abraçar a oportunidade, embarcando em uma Prova de Conceito (PoC) com nossas soluções de RPA.

Os resultados não apenas superaram as expectativas da parceria, como também demonstraram que, quando a liderança de uma empresa age em conjunto com a expertise da Smarthis, é possível incorporar uma nova mentalidade de transformação digital à sua cultura organizacional.

12.1. Um *backlog* resolvido em poucas horas

Nesta prova de conceito, o processo selecionado para automação foi a catalogação da lista de *no-show* da companhia aérea. No contexto da aviação, esse termo se refere aos passageiros que fizeram reserva, mas não compareceram para embarcar.

Anteriormente, a Silver Airways enfrentava o desafio diário de lidar com aproximadamente 100 registros de passageiros *no-show*. Manualmente, cada registro levava cerca de dois minutos e meio para ser inserido no sistema, resultando em um acúmulo de 7 mil registros pendentes.

Com a implementação da nossa solução de RPA, nossa equipe desenvolveu uma automação que reduziu significativamente o tempo necessário para cada registro, levando apenas um segundo e meio. Ao implementar o software, a Silver Airways conseguiu manter em dia todos os novos registros e eliminou completamente o *backlog* de registros pendentes em apenas quatro horas.

12.2. Uma nova mentalidade

No início da parceria entre a Silver Airways e a Smarthis, os colaboradores demonstraram naturalmente certo ceticismo e apreensão com a possibilidade de automatizar suas funções. Em meio à revolução tecnológica em que nos encontramos, essa é uma preocupação comum.

No entanto, à medida que compartilhávamos os resultados dos projetos pilotos e realizávamos diversas conversas com a equipe da empresa, gradualmente todos começaram a perceber que soluções de automação não substituem os colaboradores, mas se tornam ferramentas de apoio e auxílio para toda a equipe.

Ao serem liberados de tarefas operacionais, a equipe pôde direcionar seu foco para atividades estratégicas que impulsionam a expansão da empresa, além de evitar o estresse causado pelo acúmulo de tarefas.

Com o tempo, a mentalidade inicial do "por que automatizar" foi substituída pela mentalidade do "o que mais podemos automatizar" em todas as áreas da empresa. Diariamente, nossa equipe passou a receber diversas ideias de processos que poderiam ser facilmente resolvidos por meio da automação.

12.3. Resultados e expectativas futuras

Após a conclusão dos projetos de prova de conceito, a Smarthis entregou à Silver Airways dezenas de novas automações, ampliando ainda mais as possibilidades de otimização.

Os resultados alcançados com a nossa parceria foram notáveis: a equipe da Silver agora conta com 45 processos automatizados ativos, resultando em uma economia de impressionantes 13.000 horas anuais de trabalho. Isso se traduz em uma estimativa de economia de aproximadamente 520 mil dólares em custos operacionais.

Além de continuar aprimorando as automações existentes, a Silver também começou a explorar os serviços de análise de dados fornecidos pela Smarthis. Essa nova abordagem permite à empresa ter uma visão mais clara e abrangente de seus dados, capacitando-a para uma tomada de decisão mais ágil, impulsionando ainda mais seu sucesso.

12.4. *Data analytics* na Silver Airways

A Silver Airways adotou um trabalho relevante de análise de dados, abrangendo diversas camadas, desde a alta liderança executiva até a tomada de decisão sobre recursos nas operações diárias. Essa relação permanece em constante evolução e desenvolvimento.

No início, o principal papel da Smarthis nessa iniciativa era o desenvolvimento de *dashboards* para a visualização de indicadores indispensáveis para a administração do negócio. Embora as etapas do processo fossem mais simples, esses *dashboards* agregavam valor ao atenderem efetivamente às suas propostas. Com o tempo, as análises se tornaram mais elaboradas, demandando conhecimentos e técnicas avançadas para a extração e tratamento de dados provenientes de diversas fontes, como automações da própria Smarthis, APIs, Sharepoints, bancos de dados Oracle e bancos de dados na nuvem (*Google Cloud Platform*).

Com o aumento do alcance de dados disponíveis e o reconhecimento interno do trabalho realizado pela Smarthis, outras áreas buscaram a criação de *dashboards* e relatórios para suas equipes. Entre os diversos benefícios, destacam-se três:

1. A expansão do trabalho de *data analytics* para projetos de ponta a ponta, em contraste à ideia de que a área é sinônimo de *dashboards*, contemplando um programa de tratamento e análise dos dados, disponibilização de informação e governança dos indicadores.
2. O elevado nível de refinamento das análises entregues, como, por exemplo, detalhes de *tickets* de TI abertos em tempo real, monitoramento de resultados financeiros entregues aos acionistas, aplicações de conhecimentos estatísticos em *machine learning* com integração ao Power Bi etc.
3. O oceano azul de oportunidades de desenvolvimento pessoal e profissional daqueles que participam do projeto.

13. Implementação de RPA na Cia Hering

Jonathan Aranha

13.1. Apresentação

A jornada de implementação de *Robotic Process Automation* (RPA) na Cia Hering, uma indústria do ramo têxtil e varejo da moda, começou com um objetivo claro e ambicioso: realizar *assessments* e identificar oportunidades de automação em mais de 20 áreas de negócio da companhia. Com um faturamento de 1,8 bilhão e mais de cinco mil funcionários, a Cia Hering se destaca no mercado pela sua capacidade de inovação e eficiência operacional. Desde o início, eu fui responsável por liderar este projeto como Arquiteto de Soluções RPA, garantindo que cada passo seguisse as melhores práticas de mercado, adotando uma metodologia robusta e um forte enfoque em governança e boas práticas globais.

13.2. Desafios

A implementação de RPA apresentou uma série de desafios significativos:

- ✓ **Início da pandemia:** o projeto começou em 2020, no auge da pandemia de COVID-19. Este foi um período extremamente desafiador, pois tivemos que adaptar rapidamente nossos métodos de trabalho em um cenário de incertezas e restrições.
- ✓ **Identificação de processos:** realizar um *assessment* detalhado em mais de 20 áreas de negócio exigiu um esforço considerável para mapear e priorizar processos que seriam mais beneficiados pela automação.
- ✓ **Cultura organizacional:** disseminar a cultura de robotização em uma empresa com práticas estabelecidas há décadas foi um desafio significativo. Havia resistência inicial à mudança e um certo ceticismo quanto à eficácia dos robôs.
- ✓ **Recursos internos:** o treinamento de colaboradores internos, especialmente durante a pandemia, apresentou dificuldades logísticas e de adaptação ao novo normal de trabalho remoto.

- ✓ **Fusão com o Grupo Soma:** em 2022, a combinação de negócios entre a Cia Hering e o Grupo Soma trouxe novas complexidades. Tivemos que criar uma nova área de RPA e integrar processos de ambas as empresas, o que exigiu uma coordenação meticulosa e uma gestão de mudança eficaz.

13.3. Solução

Para superar esses desafios, seguimos uma abordagem estruturada e metodológica:

- ✓ **Metodologia:** aplicamos metodologias de eficiência combinando com a sugestão do mercado de RPA, que incluiu fases bem definidas de *assessment*, desenvolvimento, teste, implantação e monitoramento. Cada etapa foi executada com rigor, garantindo que os processos selecionados para automação realmente entregassem valor.
- ✓ **Governança e boas práticas:** estabelecemos uma forte governança, com políticas e procedimentos claros para desenvolvimento e implantação de robôs. Isso garantiu a qualidade e a sustentabilidade das soluções implementadas.
- ✓ **Modelo de operação:** implementamos um modelo robusto de operação para a gestão de demandas de RPA, composto pelas seguintes etapas:
  - **Recebimento de demandas:** a demanda de RPA é recebida e registrada.
  - **Avaliação e priorização:** cada demanda é avaliada e priorizada de acordo com seu potencial de impacto e viabilidade técnica.
  - **Planejamento:** planejamos a implementação de acordo com a metodologia definida, incluindo a criação de documentos essenciais.
  - **Definição e desenho:** criamos um PDD (*Process Definition Document*) e um SDD (*Solution Design Document*) para detalhar os processos e as soluções.
  - **Desenvolvimento:** desenvolvemos as automações com base no ODI (*Object Instruction Document*), assegurando que cada objeto de automação estivesse bem definido.
  - **Validação e testes:** utilizamos *checklists* para validar os códigos e conduzimos testes rigorosos para garantir a qualidade da automação.
  - **Suporte operacional**: após a implementação, as automações são monitoradas e gerenciadas através do *Control Room*, que permite a sustentação e análise contínua dos KPIs das automações.

MODELO DE OPERAÇÃO E GOVERNANÇA

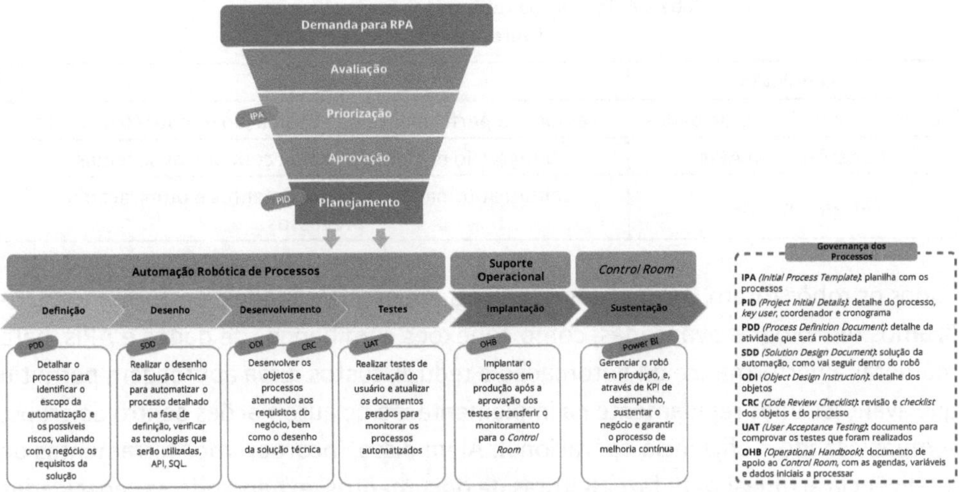

Figura 10. Modelo de operação e governança.
Fonte: o autor.

✓ **Equipe interna**: formamos e desenvolvemos um time de RPA com recursos internos, capacitando colaboradores através de treinamentos extensivos. Eu conduzi pessoalmente o treinamento, sempre pensando em tecnologias diferentes a serem utilizadas, metodologias ágeis e olhando para dentro do negócio e da nossa área de RPA para identificar o que poderia ser automatizado também.

✓ **Sustentação e expansão:** criamos uma área interna dedicada à sustentação e implantação de novos robôs, além de promover a cultura de robotização e melhoria contínua automatizada. Esta área se tornou o núcleo de inovação da Cia Hering.

✓ **Integração pós-fusão:** durante a combinação de negócios com o Grupo Soma, implementamos novos robôs e apoiamos a criação de automações na nova companhia. Nossa abordagem colaborativa e focada em resultados permitiu uma transição suave e a rápida realização de benefícios operacionais.

13.4. Tecnologias avançadas e hiperautomação

Tabela 4. Tecnologias utilizadas e suas aplicações.
Fonte: o autor.

Tecnologia	Aplicação
Conexões com banco de dados	Melhora da performance da automação e redução de custos.
Conexões com APIs	Integração eficiente e rápida com outros sistemas.
Ferramentas de IA	Leitura automatizada de documentos e otimização de processos.

Todos os robôs foram construídos com foco em escalabilidade e performance. Utilizamos tecnologias avançadas, como conexões com bancos de dados e APIs, para melhorar a performance da automação e reduzir custos. Essa abordagem permitiu que avançássemos rapidamente na implementação de automações dentro do grupo, sempre visando a eficiência operacional. Além disso, incorporamos ferramentas de inteligência artificial para fazer leituras de documentos, expandindo as capacidades dos robôs além da automação tradicional de processos. Essa integração com IA é parte de nossa estratégia de hiperautomação, que visa otimizar processos de negócios complexos através da combinação de RPA, IA, *machine learning* e outras tecnologias avançadas.

13.5. Resultados

Os resultados alcançados foram notáveis e superaram as expectativas iniciais:

Tabela 5. Resultados por ano.
Fonte: o autor.

Ano	Resultados
2020	Avaliação e automação de atividades com maior potencial. Estruturação de um time interno robusto. Geramos um *saving* de mais de 48 mil horas automatizadas.
2021	Consolidação do time interno. Superação de 50 automações ativas em mais de 15 áreas da empresa.
2022	Integração com o Grupo Soma. Avaliação de novos processos e busca de sinergia nas automações existentes.
2024	Atingimos a marca de 130 robôs implementados, equivalente a 80 FTEs.

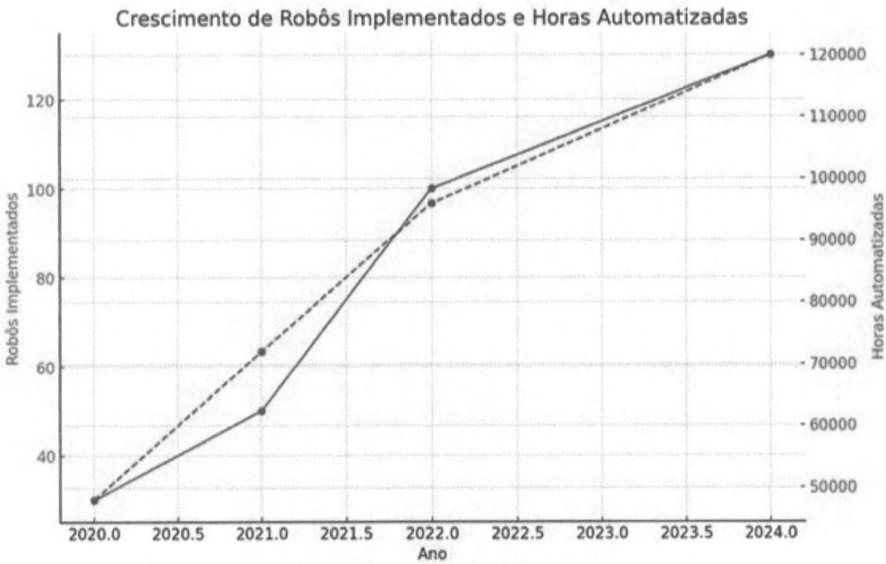

Figura 11. Crescimento dos robôs.
Fonte: o autor.

Esse resultado é particularmente importante porque os processos automatizados sempre foram pensados para gerar valor real para o negócio, e não apenas para realizar atividades simples como geração de relatórios ou tarefas básicas. As automações implementadas foram cuidadosamente selecionadas para ter um impacto significativo e positivo na operação da empresa, demonstrando a eficácia da nossa abordagem.

13.6. Impacto na operação

Tabela 6. Métricas.
Fonte: o autor.

Métrica	Valor
Redução de FTEs	Equivalente a 80 FTEs em 2024.
Horas automatizadas	Mais de 48 mil horas automatizadas no primeiro ano.
Ampliação da automação	Mais de 130 robôs implementados em dois ambientes distintos até 2024.

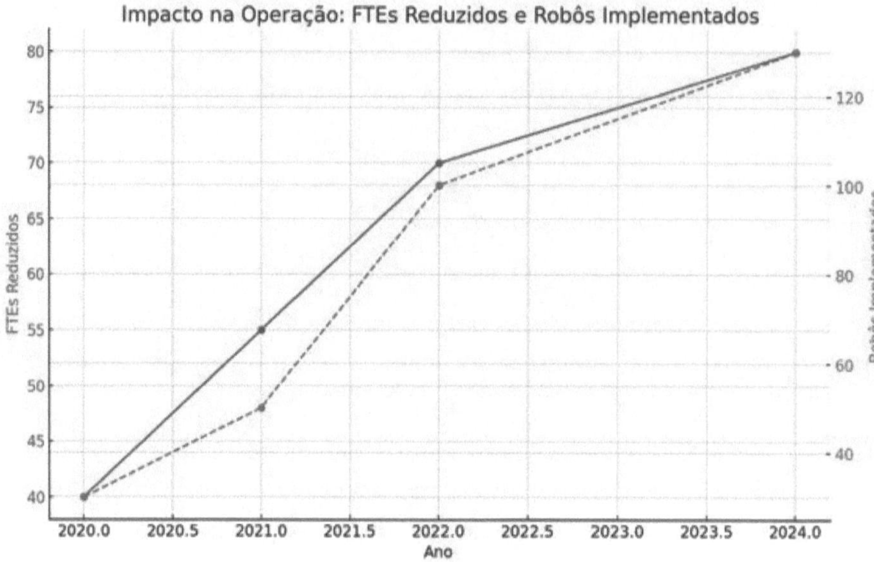

Figura 12. Impacto na operação.
Fonte: o autor.

Além de todos esses ganhos relacionados à eficiência operacional, como horas e FTEs, obtivemos ganhos significativos que impactaram diretamente nossos clientes. Esses ganhos incluem:

- ✓ **Melhoria na experiência do cliente:** as automações implementadas melhoraram significativamente a experiência de compra dos clientes, otimizando processos de devoluções e atendimento ao cliente.
- ✓ **Impacto na marca:** o aumento da eficiência e a melhoria nos processos refletiram positivamente na imagem da marca. Recebemos prêmios de relevância, como o selo RA-1000 no Reclame Aqui, destacando nosso compromisso com a satisfação do cliente.
- ✓ **Redução de riscos e controles:** realizamos automações que ajudaram a reduzir riscos e melhorar os controles internos, fortalecendo a governança corporativa e assegurando a conformidade com regulamentos e políticas internas.

13.7. Conclusão

A implementação de RPA na Cia. Hering foi um *case* de sucesso, destacando-se pela abrangência, eficiência e impacto positivo nos negócios. A combinação de negócios com o Grupo Soma e a criação de uma nova área de RPA consolidaram nossa posição como referência em automação dentro do setor têxtil. A jornada, embora repleta de desafios, comprovou a importância de uma abordagem estruturada, governança robusta e capacitação interna contínua. Hoje, a Cia. Hering está bem posicionada para futuras inovações e expansões. A integração de tecnologias avançadas e ferramentas de inteligência artificial no nosso modelo de operação e governança reflete nosso compromisso com a hiperautomação e a busca incessante por excelência operacional.

14. Auditoria de documentos técnicos potencializada por tecnologias avançadas

Marcio Benedicto de Souza
Vitor Paulo Moreira Correia

A Eletrobras, companhia de energia elétrica líder em geração e transmissão no Brasil, enfrentava desafios para obter maior eficiência e precisão de suas auditorias de documentos técnicos. Tradicionalmente, o processo de auditoria envolve muitas etapas manuais e demoradas, desde o recebimento até a validação final dos documentos técnicos. A Eletrobras iniciou sua jornada de hiperautomação com um modelo descentralizado, onde cada subsidiária gerenciava sua própria governança de desenvolvimentos. No entanto, com a parceria da Practia Brasil como consultoria, a migração para um modelo de CoE federado durante a implementação das soluções resultou em uma aceleração significativa e na adoção estruturada da hiperautomação em toda a companhia.

Para superar esses desafios, a equipe do Centro de Excelência em Hiperautomação da Eletrobras adotou uma abordagem inovadora, integrando tecnologias avançadas ao seu processo de auditoria. Por meio da implementação do RPA A360, Document Automation e Vertex AI, a empresa conseguiu automatizar e aprimorar significativamente o processo de auditoria.

A integração dessas ferramentas permitiu que a Eletrobras utilizasse inteligência artificial para interpretar e analisar dados semiestruturados de forma mais eficaz. O Vertex AI faz análises detalhadas dos documentos conforme as especificações técnicas necessárias. Ao mesmo tempo, a automação proporcionada pelo Document Automation agiliza o reconhecimento por imagem, a validação e aprovação dos documentos, reduzindo erros e aumentando a eficiência operacional.

14.1. Desafio

Implementar ferramentas de automação na auditoria de documentos técnicos apresenta uma série de desafios que exigem abordagens adaptativas e inovadoras para superá-los. Na experiência da Eletrobras, diversos obstáculos surgiram durante a implementação. Cerca de 75% deles estavam relacionados à diversidade de documentos e layouts, o que dificultou a definição de critérios claros para aceitação e validação dos modelos de IA. Além disso, a extração de tabelas complexas e a identificação precisa de falhas no processamento representaram aproximadamente 60% dos problemas enfrentados, exigindo abordagens criativas para desenvolver modelos eficientes de interpretação.

A diversidade de idiomas e tipos específicos de documentos também representou um desafio significativo. A equipe da Eletrobras utilizou um classificador de documentos e soluções externas como o *Google Custom Data Extraction* para processar documentos diversificados de forma eficiente.

Nesse novo modelo de hiperautomação, a Eletrobras conseguiu centralizar a governança e a coordenação das iniciativas de automação, enquanto preservava a capacidade de rápida adaptação e resposta das unidades descentralizadas.

Outro ponto crítico foi o processo de aprendizado iterativo. A equipe conseguiu aprimorar continuamente as práticas de automação, utilizando o *feedback* das operações para ajustar e melhorar os modelos de IA.

14.2. Escolha da arquitetura

A escolha da arquitetura integrada entre RPA, Document Automation e Vertex AI foi baseada na necessidade de otimizar o processo de auditoria de documentos técnicos na Eletrobras. Assim, foi possível aproveitar o melhor potencial de cada ferramenta já disponível no ambiente da Eletrobras, para rapidamente automatizar tarefas desde a recepção até a análise e resposta, promovendo eficiência e precisão nos fluxos de trabalho.

- ✓ **Recepção da demanda pelo RPA:** o RPA foi selecionado como ponto de entrada para receber demandas e documentos associados.
- ✓ **Conversão para PDF pelo RPA:** a conversão para PDF padronizou os documentos, facilitando a interpretação e extração de dados pelo Document Automation.
- ✓ **Interpretação e extração de dados pelo Document Automation:** a escolha do Document Automation foi motivada pela capacidade de processar documentos em PDF e aplicar técnicas avançadas de NLP e OCR para extrair informações estruturadas de forma eficiente.

✓ **Análise e confronto de dados pelo Vertex AI:** a integração com o Vertex AI proporcionou análises mais avançadas e confronto de dados automatizado, usando modelos de *machine learning* para validar e auditar os documentos em conformidade com critérios específicos.

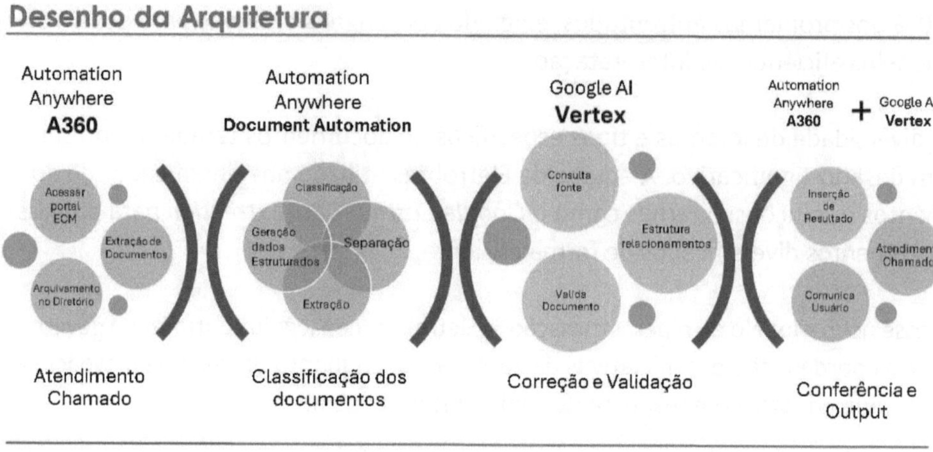

Figura 13. Desenho da arquitetura definida para o projeto.
Fonte: os autores.

14.3. Construção da solução e fases do projeto

Durante a construção da solução, várias fases foram definidas para desenvolver e implementar a arquitetura integrada:

✓ **Definição de requisitos e planejamento:** a primeira fase envolveu a análise detalhada dos requisitos funcionais e técnicos, identificando os processos-chave a serem automatizados e estabelecendo metas de desempenho.

✓ **Implementação das ferramentas e integração:** foram feitas a configuração e a integração das ferramentas RPA, Document Automation e Vertex AI, garantindo compatibilidade e fluxo de dados entre os sistemas.

✓ **Treinamento de modelos e testes piloto:** o treinamento de modelos de IA no Document Automation e Vertex AI foi essencial, juntamente com testes piloto para validar a precisão e eficácia da solução em cenários reais.

✓ **Otimização e ajustes:** durante essa fase, foram realizados ajustes e otimizações com base no *feedback* dos usuários e nos resultados dos testes, visando aprimorar a eficiência e precisão da automação.

14.4. Resultado

A implementação da integração entre as ferramentas A360, Document Automation e Vertex AI na Eletrobras resultou em ganhos impressionantes, tanto em termos quantitativos quanto qualitativos, no processo de auditoria de documentos técnicos. Vamos destacar os números mais expressivos que refletem o impacto dessa automação:

14.4.1. Ganhos quantitativos

- ✓ Estimativa de economia de 2.160 horas de trabalho manual por ano.
- ✓ Economia financeira prevista de R$326.014,26 anuais em custos operacionais.
- ✓ Volume diário aproximado de 200 documentos processados.

14.4.2. Ganhos qualitativos

- ✓ **Melhoria na consistência:** maior precisão na extração de dados, reduzindo erros e retrabalhos.
- ✓ **Otimização da utilização de recursos humanos:** Liberação de 5,0 FTEs para atividades estratégicas de maior valor agregado.

14.5. Lições aprendidas

Uma das principais lições aprendidas foi a necessidade de treinar um grande volume de modelos para garantir uma interpretação precisa dos documentos.

A abordagem adaptativa permitiu que a Eletrobras fizesse ajustes contínuos, melhorando continuamente a eficiência e a precisão dos processos de auditoria.

Recomenda-se ao leitor que avalie minuciosamente os requisitos funcionais e técnicos antes da implementação e que invista em treinamento e capacitação da equipe. A valorização de parcerias estratégicas com consultorias especializadas, como a Practia Brasil, foi essencial, fornecendo expertise e suporte técnico de alta qualidade. Manter um foco contínuo na melhoria e na inovação dos processos de automação também é fundamental para o sucesso a longo prazo.

A integração entre diferentes fabricantes aumentou a interoperabilidade e a eficiência operacional, apesar dos desafios de integração e gerenciamento. A implementação também ressaltou a importância da segurança e privacidade dos dados, com ênfase na criptografia, políticas de acesso e conformidade com regulamentações.

Agradecimentos

Agradeço a Deus por mais uma conquista colaborativa e a minha amada esposa Keila por todo o apoio! Meus filhos Lucas também tem um espaço especial, com todo o incentivo desde o primeiro livro, *Jornada DevOps*! Agradecimento especial para Ana Cláudia pela habitual liderança inspiradora do time. Parabéns ao nosso time da curadora e autores pela dedicação e em especial o amigo Raphael Boldrini pela forte parceria na indicação dos *cases*.

Antonio Muniz
Organizador da Jornada RPA e Hiperautomação Cases

Dedico este livro à minha família, que está sempre comigo em todas as empreitadas, em especial ao meu amado filho Gabriel. Agradeço imensamente aos meus companheiros de curadoria Victor Camacho, Leonardo Martins (Léo) e Gilberto Strafacci (Giba), profissionais extraordinários e referências no universo da tecnologia.

Léo e Giba pela segunda vez comigo fazendo acontecer, vocês são "os caras", amo estar com vocês. Só falta mais uma curadoria juntos para pedirmos música no Fantástico! Não posso deixar de agradecer a cada coautor que dedicou seu tempo para compartilhar sua experiência em projetos reais, doando seu tempo para acelerar a jornada dos nossos leitores. Ao grande Antonio Muniz, meu ídolo, agradeço por ter confiado a mim mais essa liderança. Por fim, um agradecimento super especial ao meu amigo de Jornada Raphael Boldrini, uma pessoa maravilhosa, coração enorme, aquele cujo lema de vida é ajudar o próximo. Raphael teve uma grande participação nos bastidores deste livro, nos ajudando desde a indicação de cases incríveis, passando pelas diversas reuniões de alinhamento até esse momento da publicação. Obrigada, Rapha!

Ana Cláudia Rodrigues
Organizadora da Jornada RPA e Hiperautomação Cases

Queridos leitores e colaboradores, é com imensa gratidão e alegria que apresento a vocês o nosso mais recente trabalho. Este livro é o resultado de uma jornada colaborativa incrível, marcada por dedicação, inovação e um profundo compromisso com a transformação digital. Gostaria de expressar meu profundo agradecimento ao grupo de curadores, Antonio Muniz, Ana Cláudia Rodrigues, Gilberto Strafacci e Victor Camacho, cujos nomes enobrecem a capa do nosso livro. A parceria com vocês foi fundamental para a criação não só deste, mas também do nosso primeiro livro. A jornada colaborativa que trilhamos é um exemplo brilhante de como a união de esforços pode criar um impacto significativo na sociedade, especialmente em apoio aos mais necessitados. Agradeço a cada coautor que contribuiu com sua experiência e *cases* de sucesso para que este projeto se tornasse uma realidade. Também quero agradecer de coração à Bridge & Co., empresa que tem sido minha segunda casa nos últimos 13 anos. Foi lá que cresci profissionalmente e desenvolvi muitas das habilidades que me permitiram contribuir para este projeto. Agradeço a todos os meus colegas que fizeram parte dessa jornada de desenvolvimento e crescimento. Não poderia deixar de expressar minha eterna gratidão à minha esposa, Raiza Saad, cujo apoio e incentivo foram fundamentais em cada etapa deste trabalho. Sua compreensão e paciência são incomparáveis. Agradeço também à minha família – meu pai, José Martins Jr., minha mãe, Sônia Martins, e meus irmãos, Gustavo Martins e Guilherme Martins – por seu amor incondicional e suporte contínuo. Este livro é um testemunho do que podemos alcançar quando trabalhamos juntos com um propósito comum. Espero que vocês encontrem nas páginas a seguir inspiração, aprendizado e uma nova visão sobre o poder da automação.

Leonardo Martins
Organizador da Jornada Hiperautomação e RPA Cases

Primeiramente, agradeço a Deus pela vida e pela inspiração que Ele me concede diariamente. A jornada de criar uma obra literária é repleta de desafios e recompensas, e sem a força divina eu não teria conseguido superar cada etapa desse processo. Esta obra não apenas compartilha conhecimento valioso, mas também tem o propósito nobre de contribuir para instituições beneficentes, o que me enche de alegria e gratidão. Aos meus pais, por toda a criação e formação que me deram, possibilitando que eu trilhasse este caminho e valorizasse a importância do aprendizado e da solidariedade. À minha querida esposa, Samantha Camacho, que sempre me apoia e me dá forças para seguir realizando esses trabalhos, sendo minha companheira incansável em todas as minhas jornadas. Aos meus filhos, Sophia, Vicente e Valentim, que são a grande força de motivação para todas as minhas realizações e me inspiram a ser um exemplo melhor a cada dia. Quero expressar minha imensa gratidão a todos os coautores deste livro, cuja dedicação e expertise foram essenciais para a concretização desta obra. Um agradecimento especial ao Antonio Muniz, o grande idealizador de todo o trabalho da Jornada Colaborativa, por sua visão e liderança que inspiraram este projeto. Também à Ana Cláudia Rodrigues, mais uma vez liderando com maestria nosso projeto. E aos amigos Leonardo Martins e Gilberto Strafacci, com quem eu pude compartilhar com muita honra a curadoria deste livro. Agradeço também a todo o time da Automation Anywhere, cuja colaboração e comprometimento são fundamentais para os sucessos e cases que alcançamos no dia a dia. Por fim, gostaria de agradecer a você, leitor, por colaborar na aquisição desta obra literária. Sua contribuição não só ajuda as doações para instituições beneficentes, como também demonstra seu compromisso em adquirir mais conhecimento. Espero sinceramente que esta obra colabore significativamente com a sua jornada, proporcionando *insights* valiosos e inspiração para suas próprias realizações. Boa leitura. Nós nos vemos em um futuro breve. Até lá!

Victor Camacho
Organizador da Jornada RPA e Hiperautomação Cases

Dedico este livro aos curadores, grandes amigos e aos coautores que dedicaram tempo e energia a esta obra. Agradeço a liderança da Practia pelo apoio irrestrito e a minha família, em especial minha esposa, por entender e me apoiar em iniciativas como a Jornada Colaborativa. Este livro é um esforço coletivo, fruto do amadurecimento do mercado e da comunidade sobre o tema automação. Assim, para aqueles que acreditam no poder da colaboração, este livro é para vocês.

Gilberto Strafacci
Organizador da Jornada RPA e Hiperautomação Cases

Os autores

Albert Otoni. Profissional altamente capacitado nas tecnologias de automação, atuante na comunidade brasileira de automações, entusiasta do tema e tecnologias para organizações e empresas.

Allexey Bernacchi. CEO e *Cofounder* da Smarthis, empresa de tecnologia fundada em 2018 que possui como missão apoiar grandes empresas nos desafios para a transformação digital. Allexey é graduado em Engenharia de Produção, com MBA Executivo e *Post-MBA* em estratégia pela COPPPEAD UFRJ.

Ana Cláudia Rodrigues. Mais de 25 anos de experiência em tecnologia atuando em empresas nacionais e multinacionais. Atualmente é mentora de *startups* no InovAtiva Brasil e na ABMEN, é professora de MBA no *BBI of Chicago* e autora e curadora de livros na Jornada Colaborativa. Na Eletrobras FURNAS, já gerenciou as áreas de Governança de TI, Desenvolvimento de Sistemas, Análise de Negócios, BI, Transformação Digital e hoje está gerenciando a área de *Customer Success Partner* na Vice-presidência de Tecnologia e Inovação.

Antonio Muniz. CEO e Fundador da Advisor 10X | Curador e Moderador de Eventos | Palestrante e Coordenador de MBAs | Fundador da Jornada Colaborativa | Autor e Curador de 30 livros sobre tecnologia, agilidade, DevOps, SRE, liderança, inovação | *Advisor* e *Board Member* | Mentor Carreira 10X. Colaborou com mais de 30 mil pessoas e mais de 100 times em consultorias, mentorias, cursos de MBA, *bootcamps*, videoaulas, *workshops* e palestras em empresas líderes de mercado, como SulAmérica, Petrobras, Vivo, Itaú, Oi, Furnas, Eletrobras, Energisa, Via Varejo, DHL, Accenture, Icatu, Banco do Brasil, Banco Safra, Banco PAN, Citibank, Ernst & Young, Finep, Sebrae, UOL, Pagseguro, Makro, Totvs, Jucesp, Ambev Tech, Dafiti, Meta, Banco Carrefour, Prudential etc. Como fundador e *headhunter* da Jornada Colaborativa, formou novas lideranças, com R$ 502 mil doados para instituições com o lançamento de 31 livros e eventos com empresas amigas. Sua formação tem uma base multidisciplinar em negócios, tecnologia e liderança, com mestrado em administração no Ibmec, MBA em telecomunicações na FGV, graduação em tecnologia na Unigranrio e certificações em agilidade, *Lean* tecnologia, projetos, processos e serviços.

Breno Bem. Graduado em Ciências da Computação com MBA em Gestão Empresarial atuando sempre na área de TI com experiência em desenvolvimento de software, implantação de ERPs, projeto de TI com BPMS e RPA.

Camila Sales. Engenheira de materiais com experiência em análise de dados e automatizações de processos.

Carlos Liberato. Casado com uma pessoa especial e pai orgulhoso do Pedro e do Joaquim. Apaixonado pela transformação digital e pelas oportunidades que a tecnologia proporciona, acumula mais de 20 anos de experiência em gestão de TI e serviços. Recentemente tem atuado como *Customer Success Manager*, dedicando-se a ajudar os clientes a extrair o máximo de suas soluções para alcançar os melhores resultados.

Cynara Botarro Silva Brum. Profissional apaixonada por pessoas, processos, inovação e tecnologia. Lidera equipes para o seu máximo potencial e conduz projetos de transformação ágil utilizando tecnologia para trazer ganhos de eficiência ao grupo. Com mais de 20 anos de experiência em gestão de processos, entrega resultados consistentes e inovadores.

Eduarda Carla da Silva. Profissional com mais de 10 anos de atuação na área de tecnologia. Graduada em Análise e Desenvolvimento de Sistemas, é especialista em administração de banco de dados, *Business Intelligence Management* e *analytics*. Possui vasta experiência em ferramentas de análise de gestão de ERP, engenharia de dados e governança de dados.

Fábio Moura. Consultor de TI, entusiasta de RPA, administrador de redes, salmista, jogador de tênis de mesa e estudioso da teologia do corpo do Papa João Paulo II.

Gilberto Strafacci. Vice-presidente do Setec Consulting Group e *Chief Growth Officer* da Practia Brasil, com amplo reconhecimento e experiência em transformar empresas utilizando metodologias combinadas com tecnologia e inovação.

Gisele Chaves. Gerente de Auditoria Interna na Lacticínios Tirol Ltda há seis anos. Construiu carreira nas áreas tributária e contábil, acumulando mais de 13 anos de experiência na gestão desses setores. Gerenciou a implantação do sistema SAP na empresa, adquirindo um grande conhecimento dos processos em todas as áreas do negócio. É formada em Administração de Empresas e em Ciências Contábeis e tem especialização em Auditoria, Normas Internacionais de Contabilidade e em Controladoria.

João Batista Medeiros. Assumiu o papel de *Digital Transformation Champion*, liderando as iniciativas de transformação digital na Maxion Structural Components em Cruzeiro/SP, elevando o nível de inovação da organização e colocando-a entre as primeiras de todo o grupo Maxion, sendo destaque internacional ao conquistar o prêmio de Transformação Digital no evento *Manufacturing Leadership Awards*, na Califórnia (EUA).

João Calíope. Profissional com ampla experiência em diferentes áreas da Controladoria Financeira, incluindo Contas a Pagar, Contas a Receber, Tesouraria, Faturamento, Custos, Planejamento Financeiro e Auditoria. Também se destaca por sua contribuição na melhoria de processos em diversas áreas. Atualmente lidera a área de Inteligência de Automação no CSC (Centro de Serviços Compartilhados) em uma multinacional de comunicação.

Jonathan Aranha. *Tech Lead* RPA e hiperautomação com mais de oito anos de experiência, pioneiro no Brasil. Atuou em empresas de diversos segmentos, desempenhando um papel estratégico em implementações de CoE de automações, capacitando organizações na transformação digital. Também dedica-se ao desenvolvimento profissional, oferecendo treinamentos especializados em ferramentas como UiPath, Automation Anywhere, Blue Prism, Power Automate e iRPA SAP.

Leonardo Martins. Executivo com mais de 12 anos de experiência em transformação digital em diversas indústrias. Especialista na entrega de serviços e produtos relacionados à governança e gestão de TI; melhoria, automação e robotização de processos de negócios; *data science* e inteligência artificial; PMO, programas e projetos; entre outros temas correlatos. Formado em Engenharia de Computação pela UFRJ, possui MBA em Gestão de Projetos pelo IBMEC e especialização em Plataformas Digitais e Mercados Bilaterais pelo MIT PE.

Lucas Remor. Formado em Farmácia pela UNISUL, possui pós-graduação em Gestão de Empresas e MBA em Gestão Empresarial pela FGV. Ex-nadador, avançou liderando projetos nas indústrias farmacêutica, veterinária e cosmética. Apaixonado por tecnologia e esportes, busca integrar inovação e bem-estar no trabalho e na vida. É grato à esposa Lúcia e à família pelo apoio constante. Dedica sua trajetória à filha Laura, esperando que a inspire.

Marcio Benedito de Souza. *Customer Success Manager* da Practia Brasil, especialista em Engenharia de Processos e Produtividade pela Universidade Metodista de Piracicaba (UNIMEP), *Tech Lead Business Analyst RPA*, Tecnólogo em Produção Têxtil pela FATEC, Gestão de Projetos (FGV), *Certified Black Belt Lean Six Sigma* (Setec Consulting Group), *Certified Scrum Master, Certified RPA COE Manager, RPA Developer* e *RPA Business Analyst. Trainer RPA Business Analyst*, Gestor CoE RPA e facilitador de dinâmicas de *Discovery RPA*.

Marco Tulio Ricci. Engenheiro Mecânico formado na Universidade Federal de Itajubá, pai da Cecília.

Matheus Jorge. Analista de logística com formação em Análise e Desenvolvimento de Sistemas e Gestão Empresarial pela FATEC Cruzeiro. Apaixonado por tecnologia e automação de processos. Desde 2022 desenvolve RPAs para automatizar processos repetitivos, aumentando a eficiência e reduzindo erros operacionais. Já implementou mais de 15 RPAs na empresa, otimizando operações e contribuindo para a melhoria contínua dos processos internos.

Patrícia Leite Silva. Atua na linha de frente com empresas privadas e públicas para conhecer o cliente com uma abordagem voltada para as pessoas e buscando a transformação/melhoria dos negócios. Acredita que criar diferenciais nos pontos de contato, no serviço e no produto é a melhor abordagem, mas sem esquecer o toque do negócio.

Phellipe de Freitas Braga. Graduado em Análise e Desenvolvimento de Sistemas, 26 anos. Atua com automação de processos robóticos (RPA) desde fevereiro de 2022.

Pieter Zanirato Voloshyn. Profissional altamente experiente e apaixonado pela transformação digital, com um histórico comprovado de liderança na condução de iniciativas estratégicas e inovadoras para o sucesso empresarial. Traz uma combinação única de habilidades técnicas, visão estratégica e conhecimento dos negócios, permitindo que impulsione a excelência digital em organizações de diversos setores.

Raphael Boldrini. Curioso, eterno aprendiz, coautor e organizador de livros, empreendedor, consultor de TI, avaliador e membro de instituições de apoio e desenvolvimento de negócios. Entusiasta da inovação, conector e apaixonado pelo ecossistema de *startups*.

Tamires Berno. É apaixonada por Inovação e Tecnologia e se dedica a esse universo há 10 anos. Adquiriu experiência em automação tecnológica e digitalização, desenvolvimento de produtos, gestão de projetos e inovação atuando em diferentes setores industriais. Há dois anos está como Engenheira de Inovação na indústria automotiva. É Mestre em Inovação pela UFMG e Engenheira Mecatrônica pelo IFJF.

Thiago Cabral de Souza. Apaixonado pela evolução da tecnologia, é um engenheiro mecatrônico com mestrado em robótica pela UFRJ. Sente-se realizado ao imergir em estruturas de transformação digital, colocando seus conhecimentos em prática para buscar melhores soluções e atuando como uma ponte de comunicação entre os mundos técnico e não técnico.

Victor Camacho. Apaixonado por tecnologia e automação de processos, com mais de 20 anos de experiência em gestão, melhoria e automação de processos. Atualmente é Gerente de Pré-Vendas na Automation Anywhere, onde lidera o time de pré-vendas e auxilia empresas na transformação digital. Professor de Pós-Graduação na PUC Minas, coautor do livro "Jornada RPA e Hiperautomação" e fundador do BotCast, sua missão é transformar o trabalho e liberar o potencial humano através da automação robótica de processos e IA.

Vitor Paulo Moreira Correia. Graduado em Informática pela PUC-RJ, possui quatro pós-graduações, incluindo MBA em Gerência de Projeto pela FGV-RJ e MBA em Governança de TI pela FGV-RJ. É certificado como profissional PMP há 10 anos e atua na área de TI há mais de 25 anos, com passagens por empresas nacionais e multinacionais em funções técnicas e de gestão, como análise de negócios, análise de processos e gestão de projetos de tecnologia, principalmente nos ramos da indústria e de seguros. Está há 11 anos na Eletrobras Holding, onde atualmente ocupa a função de Gerente do CoE de Hiperautomação.

